い続けよう。

二〇一一年　三月二十九日

幸福《こうふく》の科学《かがく》グループ創始者兼総裁《そうししゃけんそうさい》　大川隆法《おおかわりゅうほう》

震災復興への道　目次

第2章　復興ビジョンと国家の意義〔質疑応答〕

第3章 地球物理学者・竹内均の霊言《れいげん》
──日本沈没《ちんぼつ》はありえるか──

第4章　貧乏神《びんぼうがみ》と戦う法

第1章
震災復興への道

2011年3月15日
東京都・幸福の科学総合本部

1　防災、国防から見た「コンクリート」の意味

「コンクリートから人へ」は正しかったのか

このたび、東日本を中心に、まれに見る大災害が起きたので、私たちとしても、何らかの政治・経済的なオピニオン（意見）を出さなければいけないと思います。まとまった内容になるかどうかは分かりませんが、何らかの考えるヒント、あるいは情報発信のヒントになるものを提示できれば幸いです。

特に、宗教的な方面からの話は、やや控《ひか》えめにして、この世的な方面からの意見を中心に述べたいと思います。

まず、今回の東日本大地震《おおじしん》の大まかな分析《ぶんせき》をします。

一年半あまり前に政権交代があり、自民党政権から民主党政権に変わりましたが、

鳩山由紀夫《はとやまゆきお》氏が民主党政権の首相になったとき、最初に、「コンクリートから人へ」という標語を掲《かか》げました。

彼は、「コンクリートなどは、もう、どうでもよい。それよりも人が大事なのだ」というようなことを言ったわけですが、私はそれに対して、「いや、コンクリートも大事だ。コンクリートは人命を守ることができるのだ。そういうことが分からないようでは駄目《だめ》だ」ということを述べて、批判した記憶《きおく》があります。

今回、はからずも、その批判が正しかったことが証明されたように感じます。

例えば、津波《つなみ》によって、多くの家が流され、車が流され、人が流され、船が田畑の上まで流されるなど、そうとうの被害《ひがい》が出ましたが、テレビ等で津波が引いたあとの映像を見るかぎり、コンクリートでつくった岸壁《がんぺき》の堤防《ていぼう》は、その多くがそのまま残っていました。

それは、「単に、津波の高さの予測を間違《まちが》っていただけだ」ということを示しています。もし、堤防をつくる際に、もう一段の大きな津波に耐《た》えられるものを考えておけば、あれほどの被害は防げたはずです。

彼は、「単なるコンクリートの塊《かたまり》をつくるのは、お金の無駄遣《むだづか》いである」と思っていたのかもしれませんが、今回、多数の人命や財産が失われて初めて、それが無駄金ではなかったことが分かったのではないかと思います。

以前にも述べたことがありますが、例えば、ダイヤモンド等を扱《あつか》う貴金属店には、ガードマンが入り口に一人か二人立っているでしょう。店の外に立っていたり、中に立っていたりしますが、ガードマンが立っていると、実際、客は店に入りにくく感じます。

店側も、客の数が減る可能性があるため、「誰《だれ》でも自由に入ってください」という感じにしたほうが楽でしょう。客も減るし、ガードマン代もかかるので、店にとって損ではありますが、そのガードマンが立っているために、強盗《ごうとう》等は入りにくいのです。また、冷やかしの客も入ってこなくなります。

そういう点で、ガードマンが立っている店と立っていない店では違いがあります。

商業ベースにおいても、そういうことがあるわけです。

今回、あれだけの大災害があっても、その堤防の多くはきちんと残っています。ただ、だいたい十メートルを超《こ》えない程度までの津波に耐えられるような堤防を考えていたようです。

したがって、もう少し高いところまで堤防を上げておけば、被害は相当なところまで防げたはずです。おそらく、あそこまでは水が入らなかったでしょうし、船が田畑の上を〝遊泳〟するようなこともなかっただろうと思います。

これが、民主党が政権を取ってから最初に削《けず》り始めた「コンクリート」の部分の問題です。「コンクリートには、本当は、国民の生命・安全・財産を守る力がある」という価値が分かっていなかったことのツケが、今、回ってきているように思うのです。

「安全はタダだ」と思うのは日本人の悪い癖《くせ》

昨日（三月十四日）、石原《いしはら》東京都知事は、スーパー堤防の予算を民主党が削ったことについて蓮舫《れんほう》氏（行政刷新担当相 兼 節電啓発等担当相等）と議論をし、五分ぐらいで喧嘩《けんか》別れをしたようです。石原氏は、「首都を、もっときちんと守らなければ駄目だ」というようなことを言っていましたが、それを無駄金と見るかどうかです。

日本の心臓部である東京都がきちんと守られていればこそ、日本の各地で被害が出ても、何とか国は回りますが、心臓部をやられてしまったら国が動かなくなります。

この「安全」というものについて、「タダで手に入る」と考えるのは、日本人の非常に悪い癖《くせ》なのです。これは、今は亡きイザヤ・ベンダサンが、よく言っていたことです。彼は、日本人とユダヤ人を比較《ひかく》しつつ、「日本人は、水と安全をタダと思っている」と著作に書いていましたが、日本人には、安全を「タダだ」と思っているところが、やはりあります。

実際の津波がどの程度の高さまで来たかは分かりませんが、もし、防潮堤が、マックス（最大）二十メートルあったならば、あるいは、少なくとも十五メートルあったならば、かなりの被害を防げた可能性はあったと思います。

それから、もう一つ、すでに技術的には存在するのですが、非常事態のときにだけ迫《せ》り上がってくる堤防というものもあります。普段は景観が悪くなるので下にしまってあるけれども、非常時にはガーッと迫り上がってくる堤防というものが、すでに技術的には開発されているのです。

コストは多少かかるでしょうが、そういうものも、災害が予想されている所につくることは可能だったはずです。それは、国としてのインフラにもなりますし、また、失業対策等として、おそらく雇用《こよう》の創出にもなったでしょう。

したがって、「ケチケチ路線は、必ずしも、国民の生命・安全・財産を守ることにはならない」ということを知らなければいけないと思います。

私は、あの無残な光景のなかで、堤防だけが平然とそのまま残っているのを見て、何とも言えない思いがありました。あの堤防に財産的価値があることを分かるか分からないか、これは大きな違いなのです。

特に、港湾《こうわん》部分で大事な所には、そうした高い堤防をつくるか、あるいは、いざというときには迫り上がってきて津波をシャットアウトできるようなものをつくっておくことが大事です。

防災措置《そち》は国防対策にもなる

それは、津波対策という防災面のみならず、今後、国防対策的にも重要な面が出てくるのではないかと思います。

例えば、他国が侵略《しんりゃく》してくる場合、先の大戦を見れば分かるように、アメリカ海兵隊のような上陸作戦を行わなければ占領《せんりょう》はできないのです。したがって、そうした防災措置《そち》は、震災のみならず、防衛的にも機能する面があると思います。
また、かなり昔の時代になりますが、元寇《げんこう》で蒙古《もうこ》が二回攻《せ》めてきたときに、北九州方面では土塁《どるい》や石垣《いしがき》をそうとう築いていました。国防上、これは基本中の基本なのです。

確かに、「台風が来て蒙古の船が沈《しず》んだ」ということも大きかったとは思いますが、「上陸地点を予想して、あらかじめ石垣等を築いておき、九州の武士たちが非常に熱心に戦った」ということも大きかったでしょう。やはり、きちんと防戦の準備をしておけば、攻めるほうの三分の一の力で守り切れるので、そういう部分も非常に大きかったのではないかと思います。

そのように、元寇に際しては、武士たちが総力を結集して戦った部分も大きかったのです。それがなければ、いくら台風が来ても、やはり負けていたかもしれません。つまり、蒙古軍は、すぐに上陸して占領することができなかったわけです。当時の日本には、そのあたりの強さはあったと思うので、今後、防災的観点と国防的観点の両面から、もう一度、見直してみる必要があると思います。

ダムの建設中止は大きな判断ミス

さらに、鳩山氏の話ばかりで申し訳ないのですが、この「コンクリートから人へ」ということに関しては、鳩山政権の最初の仕事と言えるものが、八ッ場《やんば》ダムの建設中止でした。これも同じ流れであったと思います。要するに、「コンクリートの塊をつくっても意味がない」ということで、まず、ダムの中止から入っていきました。三分の二まで完成していて、もう少しで完成するものを、途中《とちゅう》で放り出したのです。

これも、今回の震災において、非常に象徴的《しょうちょうてき》な意味を持っていると思います。

一つは、水力発電の持つ意味です。水力発電は、天然の力によってエネルギーを供給できるものです。「アラビア半島のほうから、タンカーでわざわざ日本まで原油を運んできて石油コンビナートに入れ、次に、それを火力発電に回す」ということをしなくても、自然の力でエネルギーを永久につくり出すことができる装置の一つです。

「ダムをつくると、魚が減ったり、魚の種類が変わったりして、生態系が変わる」と言われることもありますが、魚道《ぎょどう》を開《あ》けるなどの対策がないわけではありません。ただ、魚の生態系も大事かもしれませんし、鮭《さけ》の川上りは難しくなるかもしれませんが、人間の命も大事なのです。

鳩山政権は、まず、ダムの中止から始めましたが、そのようにコンクリートを否定したことが、今、自然のエネルギー源を枯渇《こかつ》させる方向に表れてきています。

それと同時に、もう一方では、原子力発電所の問題が出ています。原子力発電所の炉心溶融《ろしんようゆう》の危険性のために避難勧告《ひなんかんこく》が出されたり、一部には被曝的《ひばくてき》な被害も出ているようですが、この不安感にはものすごく大きいものがあります。

地震の一次的な被害に続いて、原子力発電所の爆発《ばくはつ》の危険という怖《こわ》さは、そうとうなものがありましたし、また、千葉のほうでは石油やＬＰガスのコンビナートが燃えたりしました。

原子力発電所やコンビナートなどは、地震のような災害でも、当然、被害が出ますが、それ以外にも、もし戦争行為《こうい》等が起きたときには、真っ先に狙《ねら》われる所です。今回も、航空機からの映像を見るかぎり、まるで、爆弾《ばくだん》が落とされたか、ミサイル攻撃《こうげき》でも受けたかのような状態に見えなくもありませんでした。今後、ミサイルで攻撃しようとしたら、真っ先に原子力発電所やコンビナート辺りを狙ってくるでしょう。

そういう意味でも、水力発電というのは、まだ、決してバカにはできないものであり、政府は大きな判断ミスを犯《おか》したのではないかと思います。

今、電力不足になり、「計画停電」というものを行っていますが、やはり、必要な電力の見積もりに間違いがあったと言うべきです。

このように、今の政権は、これまで言ってきた象徴的なことが、すべて裏目に出て、引っ繰《く》り返ってきており、あたかも〝祟《たた》り神《がみ》政権〟のようになっています。

また、「コンクリートから人へ」ということで、ダム建設を止《と》め、「無駄遣いをやめよう」と言っていたのと同じころ、前の自民党政権のときに防衛省がパトリオットミサイルの日本海側への配備を決めていたのを、全部、予算を削ってやめてしまいました。これなども、また同じような問題がきっと起きてくるだろうと推定されます。

要するに、防災と国防とは大きく連動しており、「備えあれば憂《うれ》いなし」という面において、非常によく似た観点があるのです。「何事もない」ということは、付加価値がゼロなのではなく、「国民の生命・安全・財産を守っている」ということなのです。それが、平和裡《へいわり》に経済活動を行う上で、非常に大事なことです。それを知らなければいけません。

2　大きなビジョンでの復興計画を

冷静で辛抱《しんぼう》強いが、「先見性の低い」日本国民

今のところ、国民のほうは、他国に比べて、非常に沈着《ちんちゃく》冷静であり、暴動や略《りゃく》奪《だつ》・強盗《ごうとう》等もほとんど行われていません。阪神《はんしん》・淡路《あわじ》大震災《だいしんさい》のときと同じように、国民には非常に沈着冷静なところがあって、「ウォールストリート・ジャーナル」の社説には、"Sturdy Japan《スターディ ジャパン》"と書いてありました。「非常に頑健《がんけん》な日本」「しっかりした日本」という意味です。

普通《ふつう》、アメリカなどでは、打ち壊《こわ》しやスーパーの略奪ぐらいは当たり前のように起きますが、日本では、そういうことは起きていません。ただ、東京都内をはじめ、首都圏《しゅとけん》のコンビニやスーパーなどで、食料品や水、生活用品等の買占《かいし》めが行わ

れ、多少、品不足が生じたりしたようです。そういうことはありますが、略奪・暴行・暴動に至るような事態にはなってはいないので、さすがに伝統的な冷静さを保っていると思います。

日本人には、そういう辛抱《しんぼう》強さ、打たれ強さはあるにしても、ただ、やはり、「先見性においては低い面があったのではないか」ということを、私は述べておきたいと思います。

特に、航空写真で津波《つなみ》の跡《あと》を見ると、残っている建物のほとんどが、何階か建ての病院など、鉄筋コンクリートの建物だけでした。そういう建物はしっかりと残っていましたが、木造の建物は、ほとんどなくなっていました。

小さな建物が全部なくなっていて、ガッシリとした建物だけが残っていたので、やはり、「鉄筋コンクリートには人を守る機能がある」ということです。

今回の震災によって、津波による被災地《ひさいち》のほとんどが、戦後の焼け野原のような、「泥《どろ》野原」の様相を呈《てい》しましたが、いずれ、太陽の光の力によって、大地は乾《かわ》き、やがて復興が始まるのは時間の問題でしょう。

最初は緊急措置《きんきゅうそち》的なものから始まるでしょうが、短時間の間に、もう少し大きなビジョンでの復興計画を練らなければいけないと思います。つまり、単なる付《つ》け焼刃《やきば》で、ただただプレハブの仮設住宅を建て、「最終的には、元の家ぐらいのものが建てばよい」という感じで、元の町を再現するだけではいけないと思うのです。

やはり、今回の教訓をよく学び、まずは、「防波堤《ぼうはてい》によって守れるものを守る」ことが大事です。「もし、津波より高い防波堤を築いていたならば、津波は入っていなかったのだ」ということを知らなければなりません。

「漁船が田んぼの上まで運ばれてきた」などというのは、防災担当者としては恥《は》ずかしいことです。東京で予算を査定しているときには無駄金《むだがね》に見えたかもしれませんが、実は、こういうことが起きる可能性があるわけです。

現在、「スーパー堤防が必要だ」ということも言われていますが、これを早急に研究し、次は、もっときちんとしたものをつくらなければいけないのです。少なくとも、危険だと思われる所には、これまでの二倍の二十メートルぐらいの高さの堤防が必要です。

また、川の逆流を防ぐためには、水門を閉められるようにしておけばよいと思います。これは、技術的にはすでに可能なことであり、単にお金を惜《お》しんだだけのことです。これをやらなければいけません。

原子力アレルギーの拡大は国防上も危険

それから、原発の危険性については、もちろん、いろいろと言われていると思いますが、原発は少量のウランやプルトニウムから半永久的にエネルギーを取り出し続けることができるので、人類にとっては非常に便利なものです。

今回の放射能漏《も》れ事故等で、悪いイメージがそうとう広がるでしょうし、それが、原爆拒否症《げんばくきょひしょう》というか、原爆恐怖《きょうふ》症と結びついて、今後、左翼《さよく》系から原発廃止《はいし》運動がそうとう出てくるだろうと思われます。

しかし、それも堤防の問題と同じであり、「もう一段、大きな震災や、あるいは外部からの攻撃《こうげき》に対して、どれだけ原発の安全度を高められるか」ということを研究すれば、それなりに対策は立つはずです。そういう緊急時の対策を、もう一段、立てるべきです。

例えば、放射能漏れ等が心配であれば、緊急時のシェルター構造を、もう一回り外側につくり、少なくとも半径数百メートル以内ぐらいで完全にシャットアウトするような方法はあるだろうと思います。つまり、地震や津波、あるいは爆弾《ばくだん》等で攻撃を受けた際に、放射能漏れ等の二次被害を止める方法は、考えれば、つくれるはずです。そういうことをもう少し研究すべきであって、それにお金を惜しむべきではありません。

原発に替《か》わるエネルギー源が出てこないうちは、単なる恐怖症によって原発を簡単に手放してはなりません。原発を廃止して石油に頼《たよ》ったエネルギー経営をすると、国防上も非常に危険なことになりますし、産油国に経済を翻弄《ほんろう》されるようになってしまいます。産油国によって、いつでもインフレを起こされるような状態になれば、国としてお手上げ状態、ギブアップ状態になります。

　現在、中国は軍事拡張政策をとっており、もし台湾《たいわん》が取られてしまったら、産油国から日本への航路、すなわちシーレーンが、完全に中国の空母艦隊《かんたい》や原子力潜水《せんすい》艦隊《かんたい》の支配下に置かれることになります。そうなると、日本のタンカー等は、いつでも、〝関所〟で止められるかたちになるのです。日本に石油が入らなくなって生活ができなくなれば、第二次大戦のときと同じ状況《じょうきょう》が起きてきます。

　したがって、原発の問題に関しては、もう一段、防災対策のほうを考えるべきだと私は思います。今回のことで、すぐに原発廃止の方向に持っていくのは非常に危険なことですし、原子力に対するアレルギーを拡大していくことは、今の段階では損だと思います。

「被爆国《ひばくこく》・日本だけに原爆《げんばく》をつくる権利がある」という考え方

将来的には、日本も、原子力空母や原子力潜水艦を、きちんと持たなければいけないでしょう。原子力潜水艦は、ごく少量のウランさえあれば、燃料を補給せずに、海中を動き続けられるのです。

例えば、米軍でも、原子力潜水艦が世界中の海のなかで動いていますが、このことが抑止力《よくしりょく》になっています。要するに、原子力潜水艦は、本国から給油艦が来て燃料を供給しなくても動き続けられるため、もし、アメリカ本土が大陸間弾道弾等のミサイル攻撃を受け、壊滅的《かいめつてき》被害を被《こうむ》ったとしても、海のなかから反撃ができるのです。

「もし、本国の主要都市を同時攻撃されたとしても、海から反撃ができますよ。おたくの国も同じ状態になりますよ」と言うことが抑止力になり、相手も攻撃できずにいるわけです。

したがって、原子力潜水艦にも、非常に大きな抑止力があるので、「原子力恐怖症」のようなものが、今後、あまりにも増大するようなら、それを少し冷まさなければいけないと思います。

以前にも述べたことがありますが、原爆《げんばく》を落とされたのは日本なのであって、日本から他国に対して原水爆をつくることを禁止するように申し入れたり、他国が「原水爆等を持たない」という憲法をつくったりすることについては、私も大賛成です。「ぜひ、そうしてください」と、推進したいと思います。（『日本外交の鉄則』〔幸福実現党刊〕、『もしドラッカーが日本の総理ならどうするか？』〔ＨＳ政経塾《せいけいじゅく》刊〕参照。）

しかし、被爆国である日本に対して、ほかの国がそのようなことを言う権利はないと思うのです。「原爆を落とされていながら、『私たちは原爆を決してつくりません』などと言うのは、やや〝マゾ的〟な考え方の度が過ぎるのではないか。少しおかしいのではないか」という感じがしなくもありません。

むしろ、「原爆をつくる権利があるのは日本だけであって、ほかの国にはつくる権利はない。本来ならば、当然、アメリカにもつくる権利がないのだけれども、日米安保条約を結んでいるから持っていても構わない」ということなのです。

「アメリカは、原爆を落とすという『人類の敵』のような行為《こうい》をした以上、憲法で原水爆を禁止すべきだが、日米安保条約によって、『日本に対して再び悪いことはしない。アメリカは日本を守る』ということなので、保持してもよろしい」

私は、そのように考えます。これは、当たり前のものの考え方であり、自分たちのほうへ非を持っていきすぎることには非常に問題があります。

「災害に強い都市計画」を抜本的《ばっぽんてき》に考えるべき

さらに、これは、別のところでも何度か述べたことがありますが、「日本は、もう少し立派な建物を建てたほうがよい」と思います。世界の主要都市では、もう一段、ガッシリとした高層建築を数多く建てているにもかかわらず、日本を見ると、建物がとても小さくて低いのです。

日本では、個人がバラバラに建てているような所が非常に多いので、やはり、もう一段、ガッシリとした、津波で流されない程度のものをつくるべきではないでしょうか。

建物に一定以上の重量があれば、津波に流されるようなことはないので、もう少し大きなものを建てるべきであり、「個人がバラバラに、小さい建物を好き勝手に建てる」というようなことは、ほどほどにしなければいけません。

特に、防災対策的に重要な地域では、個人の自由に任せるのではなく、しっかりしたものを建ててもらわないと困ります。

それを個人で建てられない場合には、例えば、いろいろな商店などが集まって、共同できちんとした建物を建て、そのなかに自分たちの住居もつくることを考えたほうがよいと思います。

もちろん、木造が好きな人は多いかもしれませんが、これはあまりにもろすぎますし、先の戦争でも、焼夷弾《しょういだん》等で丸焼けになった現実があります。木造の平屋建てや二階建てばかりを建てたら、地震にも火事にも弱いのです。それで特に、木造は、たいていの場合、地震のあとの火事で焼けてしまいます。それでは、東京大空襲《だいくうしゅう》等で一日に十万人が焼け死んだのと同じことになるので、防災上、もう少し、火の広がりを止められるような都市計画を、早急に考えなければいけないのです。

日本の都市にはスラムはほとんどありませんが、ただ、若干、「でたらめ度」が高いように思われます。

さらに、「空中権」という貴重な資源も、十分に使い切ってはいません。空中に対する権利意識や利用意識の非常に低いことが、今の日本の遅《おく》れているところです。

これは、第二次大戦後、空の権利をアメリカに奪《うば》われたことが非常に大きいのですが、JALもANAも、国産の大型ジェット機を持っておらず、ほとんど、アメリカ等の外国製の航空機を使用しています。

自分たちで航空機をつくる技術がないわけではないのですが、「開発費が高いので、外国から買うか、あるいはリースしたほうがよい」ということで、これまで、そうしてきたのです。さらには、「航空機のノウハウのいちばん重要な部分は日本に教えない。日本には航空機を開発させない」ということが、戦後、延々と続いてきたため、空の部門がとても弱いのです。

このように、航空機産業から宇宙産業まで、全部、後れを取っています。このあたりを、一度、見直す必要があるのではないかと考えます。

それから、日本の家に特徴的《とくちょうてき》なのは、地下室部分をまったく持っていないことです。アメリカでは、地下室を持っている家がほとんどですが、それは、トルネード（竜巻《たつまき》）がよく起きるからです。トルネードが来ると、地上の建物は、全部、破壊されてしまうので、地下室に逃《に》げるわけです。

トルネードが来たときには、地下室か、あるいは、庭のなかの防空壕《ぼうくうごう》のようなものに入り、地下に避難《ひなん》するようになっていますが、これがあれば、震災時だけではなく、戦争時でも、いざというときに避難できるわけです。

一方、「日本は、地下に対する考え方、地下に対する権利意識が非常に甘《あま》い」という感じがします。

あとは、道路の問題でしょう。やはり、狭《せま》い道路が多すぎるので、もう少しきちんとした道路をつくらなければいけないと思います。

ちなみに、幸福の科学でも、今、支部精舎《しょうじゃ》や正心館《しょうしんかん》等を建てていますが、今回の震災を見て、「あまり安物はつくれないな」と、つくづく感じました。教会などもそうですが、宗教施設《しせつ》というのは、こうした震災時や戦争時など、いざというときには避難場所になるべき所なので、あまり安っぽいものをつくってはいけないでしょう。

「いちばん先に壊《こわ》れました」などということでは、やはり困るので、ある程度、周りの建物が壊れた場合でも、びくともしないようなガッシリとしたものをつくらなければいけないと感じました。

3 「常勝思考《じょうしょうしこう》」で大胆《だいたん》に日本をつくり変えよ

資金が市場にきちんと流れる金融《きんゆう》政策を

今回の政府の対策としては、日本銀行が比較的《ひかくてき》早く資金供給を決めたこと自体は、よかったと思います。私は、もう少し遅《おそ》くなるかと思っていたのです。

ただ、震災《しんさい》が起きた直後に円高が進んだのを見て、私は軽いショックを受けました。日本があれだけの大災害に見舞《みま》われても、世界は円を買ったのです。そういうことは、普通《ふつう》はありえません。

なぜ円が買われたのかといえば、それは、需要《じゅよう》・供給の関係からいって、現在、円が不足する方向にあるからです。

通常、戦争が起きたときなどには、強い国の通貨が上がります。例えば、アメリカが強いときには、ドル高になるのです。ところが、日本に大震災が起きて円高になったので、さすがに、これには少しクラッときました。

これを見ると、「市場への資金の流通が、どれだけ絞《しぼ》られていたか」、はっきり言えば、「日銀がいかにケチだったか。日本経済の現状を理解していなかったか」ということが分かります。

震災があって初めて、十五兆円とか二十兆円とかを供給すると言いましたが、それは震災が起きる前に出していなければならないお金だったのです。それを震災後に出そうとしているので、「後手も、ここに極《きわ》まれり」という感じがします。それでも、「出さないよりは、まだましだ」と言えます（その後は百兆円という数字も出てはいる）。

景気をテイクオフさせるためには、資金供給をもっと早くやらなければいけなかったのですが、日銀は、「資金が流れていない」ということが分かっていなかったのです。

ただ、日銀が資金を出したとしても、資金の供給は市中銀行を通じて行うため、単にお金を出しただけでは、それが必要なところまで行き渡《わた》っているとは限りません。

したがって、日銀の総裁以下、理事、局長たちは、銀行ばかりを回っていては駄《だ》目《め》なのです。あるいは、銀行の担当者を呼びつけて報告を聞いても、いくらでも偽《にせ》報告が上がってきます。

ここは、やはり、水戸黄門《みとこうもん》よろしく、実際に、工場や会社、あるいはマンションの建設現場など、いろいろなところを回って、きちんとお金が行き渡っているかどうかを見て歩いていただきたいのです。つまり、現場主義経営をしなければいけません。

役所のように、報告を受けているだけでは、いくらでも嘘《うそ》の報告が上がってくるので、銀行に出したお金が、きちんと回っているかどうかを、実際に確かめなければいけないのです。

特に、今回のような場合には、担保など取れる状態ではないため、ほとんど無担保状態になっていますし、事実上、家計的にプラスの人などは、ほとんどいなくなっていると思います。今までの銀行の主義からすれば、こういう場合にお金を貸すはずがないので、銀行に貸し付けをさせるには、一定の保証を付けなければ難しいでしょう。

そうして、「商売の再建、あるいは工場の再建等ができるところまで資金が流れるかどうか」というところまで見届けなければいけないのです。

そのためには、「震災特別法」などの法整備も必要でしょう。「工場が津波《つなみ》で流されたので、建て直したい」と言われたときに、「担保はありますか」と言っても、担保に取れるものなどありません。それは無理です。

したがって、こういう場合には、特例で貸し出しをしなければいけませんし、ある意味で、「十年間、無利子で貸す」というぐらいまで踏《ふ》み込《こ》まないと、復興は難しいかもしれません。

ここは、国会での法整備が必要なところです。これは金融《きんゆう》政策の問題ですが、十五兆円から二十兆円の資金が初動期にうまく回れば、とりあえず、何とか復興への道に入ることが可能になると思います。

「震災《しんさい》増税」は、さらに景気を悪化させる

もう一つ、政府がやるべきことは、財政出動です。

景気調整の方法としては、日銀を中心とする金融政策、つまり、市場に流通している資金量を調整するやり方と、もう一つは、財政出動といって、いろいろなところに政府予算を出動するやり方とがありますが、今は、この財政出動が必要なのです。

民主党政権は、ケチケチ運動から始まっていて、「財政出動が、いかに要《い》らないか」ということを言い続けてきたため、このマインドを変えるのは実際には難しいだろうと思います。

国の借金を減らすことばかりを考えていたところ、〝運よく〟震災《しんさい》が起きたので、「これで、増税ができる。今なら、国民は臨時増税を呑《の》むのではないか」などと考えている可能性が極めて高いのです。

自民党のほうにも、今、同じような動きが出ています。自民党にも増税論者がけっこういるので、「震災増税ならば国民も聞いてくれるのではないか」と考え、「震災対策に充《あ》てる」と称《しょう》して、震災を受けていない人に増税をかけそうな雰囲気《ふんいき》を感じます。

しかし、本当に、これ以上の経済音痴《おんち》はありません。まさに、「経済音痴、ここに極まれり」で、もはや経済学など、なきに等しい考え方です。

日本経済への影響《えいきょう》について、今のところ、「今回の震災のダメージは、GDPベースで、マイナス一パーセント分ぐらいに相当する」と言われていますが、いずれそれ以上の規模に被害《ひがい》が拡大し、今、増税をすれば、さらにダメージが大きくなるかもしれません。不況期《ふきょうき》に増税をかけたら、もっと不況が進むのは分かっていることなのです。

「不況期に震災が来て、ここで増税をかけたらどうなるか」といえば、企業《きぎょう》活動はさらに停滞《ていたい》し、消費活動も停滞して、もっと景気が悪くなっていきます。

これでは駄目なのです。もし、火事場泥棒《どろぼう》風に、ここで増税をかけようと考えるようなら、その〝悪代官〟のクビをはねなければいけません。「東日本復興目的税」などと称して、たくさん税金を取ろうとするようなら、もう辞《や》めてもらわなければいけないと思います。

国の「資産」を公表しようとしない財務省

私は何度も述べていますが、財務省は駄目なのです。「財務省にいる人たちは、一つの会社さえ満足に経営できない人たちなので、その財務省に操縦されている政治家の意見に翻弄《ほんろう》されてはいけない」ということを、どうか知っていただきたいのです。

ここで、財務省の官僚《かんりょう》に分からないことを、一般《いっぱん》の人に分かるように簡単に述べてみましょう。

例えば、個人が、銀行から三千万円を借りて、三千万円のマンションを買ったとします。この場合に、「借金が三千万円もあるから大変だ。もう破産する」というような騒《さわ》ぎ方をしているのが、今の政府なのです。

しかし、三千万円の借金はありますが、もう一方には、三千万円のマンションという資産があるわけです。つまり、それは、いざというときに、転売すればお金に変わるものですし、値上がりすれば利益が出ることもあります。あるいは、そのマンションを又貸《またが》しすることも可能です。

そのように、「負債《ふさい》」に見合うだけの「資産」があるのですが、財務省は、この資産の部分について、一切《いっさい》、公表していません。それを知らなければいけないのです。

また、例えば、メーカーが、銀行から五億円を借りて工場を建てたとします。それで、「五億円の借金があるから大変だ」と言うかもしれません。しかし、その五億円で建てた工場で、いろいろな製品をつくり、それを売り出していくわけですし、延々と売り続けたら、その五億円の工場から、何十億円も何百億円も売り上げをつくっていくことができるのです。

もっと簡単に言えば、銀行から一億円を借りて、一億円の工作機械を入れたら、それで金型《かながた》をつくり続けることができます。つまり、それを商品として売り続けることができるわけです。借りた一億円が、それ以上のものになって返ってくるのです。

これが近代資本主義の精神です。貸借対照表の一方に借金があったとしても、もう片方に資産の部分が着実に増えていけばよいわけです。

公共投資でインフラをつくれば、国の資産は増える

確かに、その資産の部分について、それが、「投資に当たるものなのか。単なる

「浪費《ろうひ》にすぎないものなのか」を見分けるのは難しいことです。今回は、堤防《ていぼう》などを単なる浪費だと思っていたのでしょうが、浪費ではなかったということです。また、水力発電のダムも浪費ではなかったことが分かったと思います。

今後、東日本、特に東北地方を中心に、もう一回、インフラの再構築をしなければなりませんが、これは単なる浪費ではありません。使ったお金の分だけの財産が、きちんと残っていくものなので、そこを間違《まちが》わないようにしなければいけないのです。

こういうときには、国債でも他のものでも構わないので、気にせずに、お金を集めてインフラをつくったらよいと思います。そうすれば、そのお金に見合ったものが、きちんと財産として残ります。

したがって、国の財産と思われるものを正直に発表したらよいのです。「これ以上、国債残高が増えたら、日本もギリシャのようになる」などと言われていますが、それは、財産の部分について発表しないからです。やはり、「これだけの財産を持っています」と、財産の部分も同時に発表すべきでしょう。

それを発表したがらないのは、国あるいは地方公共団体に財産があることが分かった場合、「そんなに財産があるのなら、税金を取らなくてもよいではないか」と言われるからです。

財務省は、税金をもっと取りたいので、減税圧力をかけられるのが嫌《いや》なのです。あるいは、「そんな無駄な資産を持っているのか。それを売りなさい」と、すぐに言われるので、発表することができずにいるわけです。このあたりに対してはマスコミもまったく無力だと思います。

東日本の公共投資に関しては、国家の資産が増えると考えたほうがよいでしょう。きちんと整備したインフラは、やはり、それなりの価値を持つものなのです。

日本には「空」に対する視点が欠けている

それから、空港等も、「無駄だ」と言って、どんどん削《けず》ろうとしていますが、決して無駄ではないのです。「今後、時間を縮める方向に働くものは、それが何であれ、有用である」ということを知らなければいけないと思います。

私は、先般、インド・ネパール巡錫《じゅんしゃく》についての法話で、「インドでは、プライベートジェットがどんどん飛んでいる」ということを述べました（二〇一一年三月十二日、大悟館《たいごかん》で収録した法話「諸行無常《しょぎょうむじょう》の風に吹《ふ》かれて――インドと日本――」）。

私自身、デリーからネパールのカトマンズまで、あるいは、デリーからブッダガヤまでプライベートジェットで飛び、講演会をして、その日のうちにデリーに帰ってきたのです。

もし車で行ったならば、これは大変な難行・苦行でしょう。何百キロもガタガタと走り、ヨタヨタになって行かなければいけないので、実際上、デリーからの日帰りは無理です。それで、「現地のホテルに泊《と》まろうとすれば、蚊《か》だらけのぼろぼろのホテルが待っている」ということで、コンディション調整は非常に難しかったでしょう。

しかし、プライベートジェットで行けば、その日のうちに帰ってこられるし、その乗り降りの手続きは非常に簡単にできるようになっています。

これは、日本よりも進んでいる部分なのですが、こういうことを多くの日本人はまだ知りません。日本では平等主義のほうが強すぎて、プライベートジェットさえ、まだほとんど使われていないのです。

また、日本では、ヘリコプターも十分に使えない状況にあります。前回の阪神《はんしん》・淡路《あわじ》大震災のときに、当会が救援《きゅうえん》活動でヘリコプターを使おうとしたところ、当時はヘリポートが全国に六十カ所ぐらいしかなくて、参ってしまいました。「こんなに不便な国なのか」と、少し驚《おどろ》きましたが、今でも、それほど改善されていないのではないでしょうか。

つまり、「大きなビルの屋上には必ずヘリポートがあり、有事のときに、いつでも使える」という状況には、必ずしもなっていないのではないかと思います。日本は、ヘリコプターの使い方もまだまだ下手なのです。

このように、日本には、空に対する視点が極めて欠けています。

その一方で、地下を掘《ほ》るのは好きなようです。しかし、地下を掘ると、費用は地上の場合の何倍もかかりますし、地下は、どちらかといえば、津波に弱いのです。上空からの爆弾《ばくだん》には強いかもしれませんが、津波にはあまり強くないと思います。

今こそ、勇気を持って「大規模な公共投資」を

私は、この震災を契機《けいき》として、勇気を持って、大規模な公共投資を一気に行うべきであると考えます。もう二十年近く、日本経済は、ほとんどゼロ成長に近い状態が続いていますが、国策が悪いために、そうなっているのです。

二〇〇八年のリーマン・ショック等で、アメリカが大きな被害を被《こうむ》ったといっても、その後の経済成長を見ると、アメリカのほうが高かったのです。どれだけ日本の国策が悪いかが分かります。

今、日本の政府に対しては、「江戸《えど》時代に逆戻《ぎゃくもど》りして、『三大改革』のようなこ

とをしてはならない」と言わなければいけません。民主党は、放っておけば、江戸の三大改革と同じことをやりかねませんが、それをやらせては駄目なのです。

それよりも、将来、日本の国土が二倍三倍の資産価値を持つように、つくり変えていくことが大事です。防災と国防を同時に考えて、大規模投資を行うべきときが来ていると思います。

したがって、「国が公共事業を行っても、資産の部にきちんと計上されるのだ」ということを、もっとはっきりと言うべきです。そして、「それが、さらに価値を生んでいくのだ」ということを認識することが大事です。震災によって、万の単位の人的被害を出した今であるからこそ、それをきちんと言うべきなのです。

さらには、個人の自由だけに任せてはいけない部分もあります。実質上の社会主義政権である今の政府なら、むしろ、やりやすいはずです。

あの中国でさえ、今は少し民主化が進んできたため、土地の収用もやや難しくなっているようです。昔なら、強権でパッと土地を収用して、パッと建てられたものが、しだいに、個人がいろいろと文句を言うようになってきて、やりにくくなっているという話です。

やはり、こういうときには、政府がイニシアチブをとって、大胆にやるべきだと思います。

また、今回の震災でたくさんの人が亡くなりましたが、これを機に、「頑張《がんば》って人口を増やしましょう」ということも、同時に言ったほうがよいでしょう。戦争中や戦後には、子供がたくさん生まれますが、こういう震災があったときにも、地上への魂《たましい》の供給が必要なので、「人口を増やしましょう」という方向へ、上手に持っていくことが大事だと思います。

以上、さまざまに述べましたが、この未曾有《みぞう》の被害を最大限のプラスに転じる「常勝思考《じょうしょうしこう》」こそ、今、必要であると考えます。

第2章

復興ビジョンと国家の意義

〔質疑応答〕

2011年3月15日
東京都・幸福の科学総合本部

1 大胆《だいたん》な復興計画で、常勝《じょうしょう》思考《しこう》的な発展を

【質問】

法話（本書第1章）では、国師としての立場から、震災《しんさい》後の復旧に関して、防災国家や国防強化などの方針を賜《たまわ》り、心より感謝申し上げます。

幸福実現党は、東北地方等の復興ビジョンを、速《すみ》やかに掲《かか》げてまいりたいと思います。例えば、今回の震災では農地も壊滅的被害《かいめつてきひがい》を受けていますが、この機会に、農地の大規模化や集約化を行うなど、さまざまなかたちで常勝《じょうしょう》思考《しこう》的な発展がありうると思います。そういった発展構想についてのビジョンを、ご教示《きょうじ》いただければと存じます。

お金をばら撒《ま》くだけではなく、大胆《だいたん》なビジョンを打ち出せ

あそこまで壊滅的《かいめつてき》な被害《ひがい》を受けてしまうと、ある意味では白《はく》地図に近いので、何でも書き込《こ》めるチャンスではあります。政府や地方公共団体が大胆《だいたん》なビジョンを打ち出せば、今は、それほど反対されるような状況《じょうきょう》ではないと思うので、関東大震《かんとうだいしん》災《さい》直後の復興ビジョンと同じようなものを、大胆につくればよいでしょう。

関東大震災のときには、東京市長経験者だった後藤新平《ごとうしんぺい》が、本多静六《ほんだせいろく》などと共に復興計画を立てました。それには、道幅《みちはば》の広い、いわゆる「百メートル道路」のようなものを敷《し》くことも盛り込まれていたのです。

しかし、その後、予算の関係で、道幅は大きく縮小されてしまいました。それが、太平洋戦争中、空襲《くうしゅう》による火災で多くの家が焼失し、東京が丸焼けとなる原因にもなったと思います。

もし百メートル道路を敷いていたら、火災がその道路で止まるので、震災に対し

ても空襲に対しても、どちらにも強かったでしょう。道幅の広い道路には、そういう効果があったと思います。

今回の震災で気をつけなくてはいけないのは、「民主党政権の場合、単に個人にお金をばら撒《ま》いて終わりにする可能性が極《きわ》めて高い」ということです。お金を撒くことも必要だとは思いますが、それだけでは済みません。やはり、復興ビジョンをきちんとつくるべきなのです。

高さ二十メートル以上の堤防《ていぼう》をつくり、要所要所に避難《ひなん》可能な建物を

特に、三陸沖《さんりくおき》地震等では、今回と同じようなことが何度も起きる可能性があるので、しっかりと震災対策を行わなくてはなりません。

例えば、堤防《ていぼう》については、二十メートル、あるいは、それ以上の高さの堤防をつくればよいのです。

それに対して、「堤防の内側から見た景観が悪くなる」と言う人が絶対に出てく

るでしょうが、それは、内側の道路の位置を上げればよいだけのことです。高速道路のように橋げたをつくり、高い所を走らせれば、景観はよいままなので、そのようにすればよいと思います。

あるいは、水族館にあるようなアクリルガラスで、水に負けない強いものを堤防の上に張り巡《めぐ》らせ、万一《まんいつ》の場合の高さを確保しても結構です。

震災対策として、そういうインフラを整備したほうがよいのです。

また、震災のときに避難《ひなん》できる、ガッチリとした建物を、町の各ブロックなど要所要所に、ピンポイント的に建てることが大事です。いざとなったら走って逃《に》げられるよう、津波《つなみ》が来るまでにたどり着けるぐらいの所に、津波で流されない程度の建物を必ずつくっておくべきだと思います。

そういう備えをしておきたいものです。

ビル内の野菜工場で世界的な食糧《しょくりょう》危機に備える

それから、野菜工場型の農業も、考えられないわけではありません。「東北で野菜工場か」という思いも、若干《じゃっかん》、しないではないのですが、ガッチリとした鉄筋コンクリートのビル内に野菜工場を設ければ、〝流されない農地〟をつくることができます。

今後、食糧《しょくりょう》不足が世界的に起きることは目に見えています。ほんの十年か二十年、あるいは三十年以内に、世界的な食糧危機が起きるので、食糧の供給体制をつくらなくてはいけません。

その意味では、ビルのなかに農地を集約し、立体的で高さのある、大きな野菜工場をつくることも、可能性としてはあるでしょう。

そのような職場をつくれば、農村の青年層に働きがいができますし、農業を株式会社組織等に切り替《か》えても、十分に運営していけるチャンスはあると思います。

山をくり抜《ぬ》き、防衛出動や災害出動が可能な基地をつくれ

今回、情けなかったのは、航空自衛隊の松島基地が津波の被害を受け、Ｆ２戦闘《せんとう》機《き》などが二十機ぐらい水没《すいぼつ》し、使用不能になったことです。

まだ、かなりケチをしているかもしれないので、防衛施設《しせつ》についても、防災的な観点をもう少し考えておかなくてはいけないと思います。

アメリカでは、山をくり抜《ぬ》き、そこに大事な施設をつくっている所もあります。日本でも、これを契機《けいき》に、どこかの山をくり抜いて、防衛出動や災害出動が可能な基地をつくっておくことも、東北であれば可能なのではないでしょうか。

山の中腹から、ジェット戦闘機や大型輸送機等が飛び出してくる。あるいは、さまざまな建設道具を装備した車両等が出てくる。そのような基地をつくってもよいかもしれません。

そういうことが考えられます。

なお、新幹線が新青森まで開通した直後に今回の震災が起きたので、何か不幸を感じます。

私は、今年の二月から三月にかけて、「インド・ネパール巡錫《じゅんしゃく》」を行いましたが、インド滞在《たいざい》中、日本から届いた新聞に、カモノハシのような形をした車両の写真と共に、新幹線が新青森まで開通した記事が載《の》っていました。それを見て、「日本に帰ったら、これに乗ってみなくてはいけないかな」と思っていたら、帰国後、まもなく、この震災が起きたのです。

発電や送電などの電気系統を、震災《しんさい》に強いかたちに変えよ

また、全体に、電線など電気系統が少し弱い印象を受けました。

ヨーロッパ等では、電信柱や電線を、できるだけ見えないように隠《かく》していきます。欧米人《おうべいじん》の目には、それらが風景のなかで非常に目障《めざわ》りに映るらしいのです。

一方、日本人は、意識して見なければ、その存在に気づきません。電信柱や電線

が道路の上を無数に走っていると、景色は非常に悪いのですが、日本人には、それが〝見えない〟のです。そう言われてみると、確かに、私にも見えないような気がします。写真にでも撮《と》らないかぎり、その存在が分からないのですが、あれは実に醜《みにく》いものなのです。

今回の震災《しんさい》では、電気系統ももろさを見せて、停電がかなり発生しました。したがって、その電気系統を、もっと震災に強いかたちに変えなくてはなりません。

電線は集約して頑丈《がんじょう》な筒《つつ》などに入れ、地下に埋《う》めるべきでしょう。地上を通しても構いませんが、その場合でも、もう少し景観をよくすることが大事です。

それと同時に、病院等の重要な施設や、学校など避難場所になるような所には、緊急時《きんきゅうじ》の補助発電ができるシステムを、きちんとつくっておく必要があります。

「カルマ返し」として、水の輸出ができる産業を育てる

今後は、世界的に、食糧不足と同時に水不足も起きることが予想されます。

今回の震災では津波で〝水攻《みずぜ》め〟をされました。このままでは悔《くや》しいので、やはり、水をお金に換《か》える方法を考えてみたいものです。

現在、水のペットボトル一本と石油の値段は同じぐらいであり、水は贅沢品《ぜいたくひん》でもあるわけです。

今、中国では河川《かせん》がかなり涸《か》れてきており、中国は水の確保に苦労することになると思うので、日本は〝にっくき〟海水を売り物に変える技術を研究するとよいでしょう。深海の良質な水を汲《く》み上げ、水の輸出ができる産業をつくっておくことが、「カルマ返し」としては非常によろしいと思います。

これから水不足は必ず起きるので、売れる水を製造し、船に乗せて大量に運び、中国に売るような時代が、もうすぐ来ます。水の供給が要《い》るようになるのです。ペットボトル一本が石油と同じぐらいの値段で売れるので、そういう産業も保護しておく必要があるでしょう。

「震災《しんさい》対策空母」の建造は景気対策にも役立つ

ほかにもアイデアはあるでしょう。

例えば、日本の飛行場は、海抜《かいばつ》ゼロメートル地帯にあるものがあまりにも多いようなので、「飛行場を、必ずしも海抜ゼロメートル地帯にばかりつくらなくてもよいのではないか」という気がしないでもありません。

仙台《せんだい》空港や松島基地のように水没したら、飛行場として使えなくなります。特に、自衛隊の場合には、戦闘機等が飛べなくなっては困るので、そのへんを考えていただきたいのです。

それから、今回は米軍が「トモダチ作戦」で日本を救いに来たのですが、「放射性物質を検知した」と言って、原発から遠く離《はな》れた所まで逃げてしまい、少し軟弱《なんじゃく》なところを見せてしまいました。やや情けなく、もうひとつ、よいところを見せられなかったのです。

ただ、「空母の震災《しんさい》対策機能は非常に高い」ということは知っておいたほうがよいでしょう。空母には、豪華《ごうか》客船並みか、それ以上の力があるのです。

阪神《はんしん》・淡路《あわじ》大震災のとき、アメリカは空母インディペンデンスを現地に派遣《はけん》しようとしましたが、当時、「空母には三万人ぐらいを収容できる」と、アメリカ側は言っていたように思います。

「三万人の人を寝泊《ねと》まりさせ、その人たちに食事を出せる」というのは、すごい力です。陸地でも、なかなか、それだけのことはできません。今、被災地では、「毛布や食糧、水、電気などが必要だ」と言っていますが、ライフラインを復旧させるのは大変です。そう簡単には物資も届かないのです。

その意味で、以前、私は「震災対策空母」というものに言及《げんきゅう》したことがあります（二〇〇八年十月二十六日、和歌山支部精舎《しょうじゃ》での質疑応答）。空母には、そういう用途《ようと》で使えるところもあるのです。

また、空母にはヘリコプターなどの輸送機も乗せられるので、いざというときは、人を運ぶなど、いろいろなことができます。

震災対策空母を考えるべきときが来たのではないかと思います。その建造は景気対策にも役に立つでしょう。

2　今こそ、「国家の意義」を再認識せよ

【質問】

菅《かん》総理は「最小不幸社会」を唱えていましたが、今回の震災《しんさい》後の状況《じょうきょう》を見ると、日比谷の「年越《としこ》し派遣村《はけんむら》」のようなものが、巨大《きょだい》なかたちで出現してしまったような印象を受けます。

また、「地方主権」などを主張する菅総理の深層心理のなかには、国家を否定する考え方があると思うのですが、今回の震災では、市や町の機能が大きく損《そこ》なわれているため、国家の役割が非常に大切になってきていると思います。

一方で、民主党には、自衛隊を「暴力装置」と言う人もいます。そういうマインドを持ちながら、救援《きゅうえん》や復旧を自衛隊に頼《たよ》っているため、民主党政権

は何か自己矛盾《じこむじゅん》を起こしているように感じられ、「これで本当に大丈夫《だいじょうぶ》なのか」と思ってしまいます。

そこで、ぜひ、大川総裁から、「国家の意義」「国家の大切さ」について、ご教示《きょうじ》を賜《たまわ》りたく存じます。

国家に力がなければ、今回のような震災《しんさい》では復興不能

民主党の政策における問題の一つとして、「地方分権」「地方主権」のほうに引っ張られていることがあります。それを私は批判してきましたが、今回の震災《しんさい》は、地方分権や地方主権など何の役にも立たないことを、まざまざと見せつけました。

「その町で頑張《がんば》ってください」「その市で頑張ってください」と言われても、町や市が、丸ごと被害《ひがい》を受けているので、どうしようもありません。町役場といっても、「町長が流され、亡くなった」などという状況《じょうきょう》では、どうにもならないのです。

こういうときこそ、国家のありがたみが分かります。国家に力がなければ、今回のような震災では復興不能なのです。

したがって、地方主権などの主張は政治家の「逃《に》げ」にしかすぎないことがよく分かります。今回の震災を見て、「地方分権や地方主権を主張することは、ほどほどにしなくてはいけない。国全体で力を合わせないと、難局を乗り切れないことが多い」ということを、再認識しなくてはならないと言えます。

さらに、国民は、地方税だけではなく国税も納めているのです。そのことの意義を考えなくてはなりません。国家が機能しないのであれば、国税を納める必要などないのです。国会議員は、各地方から選ばれていますが、地方議員ではありません。国民に国税を納めさせている以上、国会議員が「国全体をどうするか」ということを考えるのは、非常に大事なことなのです。

「地球市民」は、「万国《ばんこく》の労働者よ、団結せよ」の言い換《か》えにすぎない

質問のなかで、「菅《かん》総理の深層心理のなかには、国家を否定する考え方がある」という指摘《してき》がありましたが、まさしく、そのとおりだと思います。

また、前官房長官《かんぼうちょうかん》の仙谷由人《せんごくよしと》氏が、「地球市民」という言葉をよく使っています。私は、昨年六月の説法《せっぽう》で、「彼は、そのような考え方をするけれども、これは左翼《さよく》の言葉であり、マルキストが使う、『万国《ばんこく》の労働者よ、団結せよ』という言葉を言い換《か》えただけである」と指摘しておいたのですが（『未来への国家戦略』〔幸福の科学出版刊〕第1章参照）、あの年代の人たちが勉強したことの内容は、私には分かっているのです。

彼らは、マルキシズムの言葉をズバリ使うと、今では〝受けない〟ことが分かっているので、「地球市民」という言い方をします。その言葉自体は美しいのですが、その言葉を使う人たちは、「地方自治」という小さなところや、「地球」という大きなところに視点を向けさせ、とにかく、国としては無責任な体制にもっていこうとするのです。

しかし、そのような、「国家」の部分が空白地帯になっていく考え方は、非常に危険です。

世界全体をよくするのは当然のことですが、「それぞれの国が、もう一段のレベルアップをし、切磋琢磨《せっさたくま》をしながら、協力し合っていくことも大事なのだ」ということを知らなければいけないでしょう。

今回の震災で、日本は、すでに数十カ国から支援《しえん》を受けています。

今年、私はタイにも巡錫《じゅんしゃく》に行くことを予定しているのですが、「タイ政府と国王夫妻が計約二千五百万円の支援金を日本に提供する」ということが新聞に載《の》っているのを見て、うれしいような、情けないような、何とも言えない気持ちになりました。

また、「○○国から救助犬数匹《ひき》と、救助隊員数十人が到着《とうちゃく》した」などという記事を見ても、そのような思いが若干《じゃっかん》しないわけでもありません。

とにかく日本政府には、震災からの復興に関しても、国家としての主体性をピシッと発揮してもらいたいものです。国のお金を使うに当たっては、間違《まちが》っても、地方自治体に丸投げをして、「好きなようにしてくれ」と言ったりしないでいただきたいと思います。また、「一戸当たり、いくら支給する」などというようなことだけで終わりにしてほしくないのです。

やはり、国としての責任を自覚し、将来的な国家の改造ビジョンを出すべきです。現在、新幹線で全国が結ばれてきており、リニア新幹線の計画もあります。「こういうときに〝藩制度《はんせいど》〟に戻《もど》って、どうするのだ」と思います。今は、もっともっと移動時間を縮め、国全体を一体化しようとしているときなので、スピードが大事です。

国は逃げてはいけません。都道府県や市町村にはできないことをするのが国の仕事です。地方の立場からは見えないものを見るのが国の仕事なのです。

沖縄《おきなわ》県民は「日本の国益」を考えているのか

先般《せんぱん》、沖縄《おきなわ》に関する発言が問題視され、アメリカ国務省の日本部長が更迭《こうてつ》されましたが、その翌日に今回の地震が起きたので、「これはアメリカの地震兵器によって起きたのではないか」というジョークも言われました。やや不謹慎《ふきんしん》で、怒《おこ》られる可能性があるジョークですが、タイミングは、あまりにも合っています。

その結果、「日本に地震が起きて、米軍が救出に行く」という、極《きわ》めてドラマチックなストーリーになって、「いざというときには、米軍は頼《たよ》りになりますよ」ということを宣伝するチャンスにはなりました。実際に米軍は救出作業などで頑張るかもしれません（その後、米軍は原発八十キロメートル圏内《けんない》から撤退《てったい》。しかし、やがて「トモダチ作戦」で着々と実績をあげてきた）。

ただ、沖縄の〝地方主権〟のせいで、日本とアメリカの仲が悪くなるのであれば、それは国家主権の侵害《しんがい》に当たることだと思います。

「国家として、今後、どうするか」ということは大きな問題です。地方のレベルで一定の住民感情はあるかと思いますが、「中国や北朝鮮《きたちょうせん》という国が近隣《きんりん》に控《ひか》えているなかで、アメリカと仲が悪くなったならば、どうなるか」ということに対する責任が取れないのなら、それなりの抑制《よくせい》を利《き》かせるべきです。

にもかかわらず、沖縄県民は、「アメリカの外交官が不適切な発言をした。『沖縄の人は怠《なま》け者だ。ゴーヤーの栽培量《さいばいりょう》は他県のほうが多い』などと言われた」と怒《いか》り心頭でした。

しかし、その指摘が事実であるならば、それを受け止め、もっと勤勉に働かなくてはいけません。沖縄の人たちは、あまりにも「腫《は》れ物に触《さわ》る」ような状態になりすぎており、被害意識が強すぎるように感じられます。

この人の言ったことには、沖縄の県民から見れば、確かに侮辱《ぶじょく》に当たる部分はあったと思いますが、「事実か、事実でないか」という目で見たら、この人は非常に正直な発言をしたと思います。「沖縄県民は県のレベルで物事を考えており、日本の国益を考えていない」ということを、非常に的確に批判していたと思うのです。沖縄の人たちの大多数は、日本の国益を考えることができずに、米軍に反発していたと思いますが、これは、国家の中枢《ちゅうすう》にいる人たちの説得力が十分ではなかったからでしょう。

菅総理の先代の鳩山《はとやま》前総理は、総理大臣を辞《や》める少し前に、「沖縄の米軍には抑止力がある。それが分かった」と述べていましたが、最近になって、「あれは方便だった」と言いました。いまさら何を言っているのでしょうか。

こういう人たちがトップになる国には、トップの選出過程において、間違った判断が働いていると思われます。

日本のメディアには見識が不足している

基本的に、大事なことを大事であると言う人を悪く言い、大事ではないことを大事であるかのように言う人を評価するような風潮が、マスコミをはじめ、一般国民に浸透《しんとう》しているのならば、それは、教育の問題であり、また、メディアの見識不足の問題でもあると思います。

例えば、私の著書『教育の法』（幸福の科学出版刊）のテレビ・コマーシャルが首都圏で放映されることが決まりましたが、私の著書のテレビCMが東京キー局で流れるのは約二十年ぶりのことです。

「宗教は悪だ」というイメージが入り込《こ》んでいるため、テレビという媒体《ばいたい》では、有料のコマーシャルであっても、宗教関連のものは、なかなか流しません。テレビ放送に携《たずさ》わる人たちには、「宗教を宣伝することは悪だ。テレビにはそれだけ大きな影響力《えいきょうりょく》があるのだ」と思っているところがあるのです。

このように、日本のメディアは、「宗教の伝道に加担したくない」と考えて、自主規制を行っています。これは、実は、国がメディアの許認可権を持っていて、メディアが寡占《かせん》状態であることに問題があります。そのため、日本では、本当は「言論の自由」が保障されておらず、ある意味では、中国や北朝鮮に近い状態にあるのです。

正しい言論が正しく伝えられていないことに対しては、やはり、「悲しい」と思わなければいけないでしょう。

一方、「インド・ネパール巡錫」での私の説法は、インドやネパールでは国営放送や大手民放で生中継《なまちゅうけい》されました。しかし、日本では、テレビ局が私の説法を取材に来て、テレビカメラで撮影《さつえい》しても、まったくと言ってよいほど放送されません。「宗教にかかわる政治運動などを公共の電波で流せば、倫理《りんり》に触《ふ》れる」と考えているわけですが、これは国是《こくぜ》が引っ繰《く》り返っていることを意味しています。

ネパールの国営放送は、カトマンズでの私の説法を、一時間、生中継で放送してくれました。

その放送局は、以前、国連の潘《はん》事務総長がネパールで講演したとき、「国営放送で生中継をしてほしい」という依頼《いらい》を受けたそうですが、「調査の結果、潘事務総長は宗教的にT協会系であることが判明した。T協会は思想的に間違っているので、潘事務総長の講演は流せない」という理由で、それを断ったのだそうです。国連事務総長の生中継は断られたのに、私の説法は生中継で流れたのです。これを見ると、マスコミの価値観が、日本とはかなり違うことが分かります。現地の放送局側の審査《しんさ》は非常に厳格で、それほど甘《あま》いわけではありません。思想的には厳格なチェックがかかっています。それにもかかわらず、私の説法は、仏陀《ぶっだ》の生誕地および伝道地で生中継されたのです。

ちなみに、私がインドのブッダガヤで行った説法を、チベット仏教のダライ・ラマの広報官も見に来ていましたが、その数日後、ダライ・ラマは政治的指導者としての引退声明を出しました。私の説法が影響したかどうかは知りませんが、「世代交代の時期が来た」と考えたのかもしれません。

民主党の蓮舫《れんほう》大臣は「スーパー堤防《ていぼう》」の整備事業を廃止《はいし》した

価値観の問題は、国の方向を決める大きな問題なので、「何が、この国を守り、何が、この国を発展させるのか」ということは重要な観点です。

第1章でも述べましたが、事業仕分けで、「こんなもの、要《い》るんですかあ！」などと言って〝無駄金《むだがね》〟を削《けず》り、人気を上げた蓮舫《れんほう》氏は、先日、石原《いしはら》都知事を訪問し、節電を要請《ようせい》しました。しかし、事業仕分けで蓮舫氏が廃止《はいし》を決めた「スーパー堤《てい》防《ぼう》」の整備事業について、石原氏が「やはり必要だった」と言ったため、会談は予定より短く五分で終わってしまったようです。

これは石原氏の考え方のほうが正しいと私は思います。蓮舫氏はマクロが見えない人なのでしょう。

ただ、私は、何とか、この国の国是をよいほうに変えたいと思っています。

石原氏は、今回の震災に関し、「これは天罰《てんばつ》だと思う」と言ったため、記者会見で、「撤回しないのですか」と訊《き》かれていました（翌日、発言を撤回）。そういうことを言える人なので、すごいとは思います。彼は宗教を学んだことのある人なので、それが言えたのでしょう。宗教を学んだ人は、そういうことを考えるものなのです。

彼が「天罰」と言ったのは民主党への当て付けで、本当は「民主党政権への天罰」と言いたかったのでしょう。記者からは、「被災者に対して不謹慎ではないか」と言われていましたが、国民に対する、ある意味での警告はあったと見てよいと思います。（注。拙著《せっちょ》『最大幸福社会の実現』〔幸福の科学出版刊〕の45ページに天照《あまてらす》大神《おおみかみ》が緊急神示《きんきゅうしんじ》として「神罰《しんばつ》が近づいている」と明言している。二〇一〇年六月二十二日の霊示。）

人に議論させるだけではなく、「これが正しい」という結論を示せ

今、「正しさの基準」を再検討するときが来ているのではないかと思います。

ハーバード大学のマイケル・サンデル教授が、「正義とは何か」をテーマにして行った連続講義が、昨年、「ハーバード白熱教室」という番組名でＮＨＫによって放映され、話題になりました。

私は、彼の連続講義の内容を一通り見ましたし、ＮＨＫによる彼へのインタビュ

ーも見ました。ただ、彼は人に意見を言わせているだけで、結論などありはしないのです。

その講義のなかで、彼が最初に提示しているテーゼ（命題）は、「運転中の電車のブレーキが故障していて、まっすぐ走ると線路上の五人の作業員が死んでしまうが、待避線《たいひせん》に入れれば、そこにいるのは一人の作業員だけなので、一人は死ぬが、五人は助かる。さあ、あなたが運転手なら、どうするか」というものです。

「正義とは何か」というテーマに関し、彼は、「一人を殺して五人を救うことが正義か。それとも、そのまま走るべきか。どうする？」と問いかけていたのです。

ところが、NHKによるインタビューで、「ところで、あなただったら、どうするのですか」と逆に質問され、一瞬《いっしゅん》、彼の顔が引きつったのを私は見ました。急に血相が変わり、「それは、君、『相手が誰《だれ》であるか』の情報を与《あた》えてくれなければ、答えられない」と彼は言ったのです。

「では、待避線にいる一人が、あなたの友人や家族だった場合には、どうしますか」と訊かれ、「ああ、その場合には、ハンドルを切らず、まっすぐ走ります」と答え、次に、「それが家族や友人ではなかったら、どうするのですか」と訊かれると、「待避線に入って、一人だけを殺します」と答えていました。

結論を言わずに人に議論をさせ、それで有名になるのは結構ですが、今は、「こうすべきだ」という結論を言っている人のほうが大事な時代です。そのことを知らなくてはいけません。「いろいろな意見がありますね。はい、終わり」ということでは済まないのです。

「こうすべきだ」と言う人には勇気が必要ですが、「これが正しい」と言い切れる人のほうが大事なのです。

いろいろな少数意見も大事にしなくてはなりませんし、恵《めぐ》まれない人に炊《た》き出しをすることも大事でしょうが、そうは言っても、「国益のレベルから見れば、『最大多数の最大幸福』を目指すのは当然のことだ」と私は思っています。

第3章

地球物理学者・竹内均の霊言

――日本沈没はありえるか――

2011年3月17日
東京都・幸福の科学総合本部

竹内均《たけうちひとし》（一九二〇～二〇〇四）
日本を代表する地球物理学者の一人で、東京大学名誉《めいよ》教授、理学博士《はくし》。地球の表面は十数枚の固い岩盤《がんばん》（プレート）からなり、その岩盤の運動が地震《じしん》の原因であるとする「プレートテクトニクス説」を広めた。また、科学雑誌「ニュートン」を創刊し、初代編集長として科学の啓蒙《けいもう》に努めるとともに、人生論や自己啓発をテーマとした著書や訳書も多数著《あらわ》した。

【質問者】
小島一郎《こじまいちろう》（幸福実現党幹事長代理）
江夏正敏《えなつまさとし》（HS政経塾塾《じゅく》長）
松島弘典《まつしまひろのり》（幸福実現党幹事長）
［役職は収録時点のもの］

1　地球物理学者の意見を訊《き》く

大川隆法　連日のように、テレビや新聞などで、東日本大地震《おおじしん》と津波《つなみ》、さらには原発事故と、今後の対策の問題等の報道がなされ、被害者《ひがいしゃ》数もどんどん増えていますが（収録当時）。しだいに復興の話になってきつつありますが、そういう状況《じょうきょう》にあって、私は、「当会としても、やはり、何らかの研究をしなければいけないのかな」という印象を受けています。

そこで、昨日《きのう》の夜、昔の天皇や予言者など、幾人《いくにん》かの霊人《れいじん》に、霊界《れいかい》のほうにも何か原因があるのか、いろいろと訊《き》いてみたのですが、もうひとつ、すっきりしない感じでした。

そのため、「地震に直接関心のある人のほうが、面白《おもしろ》い意見を言うかもしれない」

という気がしてきたのです。

昔、私の若いころですが、「日本沈没《にほんちんぼつ》」という映画があり、地球物理学者で、当時、東大の教授だった竹内均氏が出演していました。そして、日本が沈没していくメカニズムを説明しているシーンが有名になったことがあるのです。ちなみに、この「日本沈没」という映画は、数年前にもリメイクされています。

もし、この竹内氏が、今も生きていて現役《げんえき》であれば、当然、テレビに出てきて、今回の大地震についても解説をされているはずだろうと思います。

さらに、この方は、地震やプレートテクトニクスの専門家ではありますが、ある意味で、宗教にも関心があり、宗教的な本もかなり書いておられます。例えば、サミュエル・スマイルズの『自助論』なども訳しておられますので、思想的には、当会とも、ある程度、親和性のある方だろうと思っています。また、勤勉に働き、善人でもあられたので、死後、きちんと天国に還《かえ》られているだろうと思います。

要するに、「竹内氏は、生きていたときの知識に加え、霊界に還られてから、見識がさらに広く、深くなっているのではないか。あるいは、科学の未来についても見えているのではないか」ということを期待しているわけです。

少なくとも、「日本沈没」という映画は、地震によって日本列島が沈《しず》んでいくというものでしたので、竹内氏も、今回の東日本大震災に関して、非常に関心を持って見ておられるはずです。したがって、テレビに出演したつもりで、話していただけたらよいと思います。

霊言に慣れておられないでしょうから、どの程度、対応してくださるかは分かりませんが、ただ、読者は専門家ばかりではありません。一般《いっぱん》の方に分かるレベルで構わないので、話をしていただければと思っています。

幸福の科学として、今後の参考になる意見が、何か引き出せれば幸いです。

それでは、初めてお呼びしますが、やってみます。

（合掌《がっしょう》、瞑目《めいもく》する）

地球物理学者にして、東大名誉《めいよ》教授、竹内均氏の霊よ。どうか、幸福の科学総合本部に降りたまいて、今回の大震災についての、ご意見をお聴《き》かせください。

地球物理学者にして、東大名誉教授、竹内均氏の霊よ。どうか、幸福の科学総合本部に降りたまいて、われらに、今回の震災の原因、あるいは分析《ぶんせき》、あるいは対策、また、科学技術的な未来のあり方等、ご助言がありましたら、賜《たまわ》りたく存じます。

どうか、われら素人《しろうと》にも分かるような言葉で、考えるヒントをお授けくださいますことを、心の底よりお願い申し上げます。

竹内均教授の霊、流れ入る。

（約十秒間の沈黙《ちんもく》）

2 霊界《れいかい》でどのような仕事をしているか

竹内均　エヘン、ゴホン、あ、ううん。

小島　竹内先生でいらっしゃいますか。

竹内均　うーん、久しぶりかな。

小島　本日はご降臨いただき、まことにありがとうございます。私《わたくし》は、幸福実現党の小島一郎と申します。

竹内均　うん、うん。

小島　私は、子供のころから、竹内先生をたいへん尊敬しておりまして、雑誌「ニュートン」を読んで科学を学んだり、また、先生の著書からは、人生に対する姿勢などを学ばせていただきました。本日、その先生に質問をさせていただく機会を賜《たまわ》り、心より感謝申し上げます。

竹内均　うんうん。

小島　今回、東日本で大震災《だいしんさい》が起き、「今、最もお話を伺《うかが》いたい」という方を挙げるとするならば、竹内先生ではないかと思います。ただ、突然《とつぜん》、お招きいたしましたので、まずは、今、天上界《てんじょうかい》でどのようなお仕事をされているのか、お教えいただければ幸いに存じます。

竹内均　うんうん。

まあ、過去に、私のような職業はなかったのでね。霊界《れいかい》でも、新しい職業の一つだとは思うけれども、今、やはり、日本の科学技術の今後の進歩にかかわる指導霊《しどうれい》の一人として、天上界で加わっておりますよ。もう少し、科学技術的な面で進歩するように、科学者たちに励《はげ》ましをしていますね。

小島　ありがとうございます。

3　大地震《おおじしん》の原因を霊界《れいかい》から分析《ぶんせき》する

小島　今回、巨大《きょだい》な地震《じしん》が起き、日本中が不安のなかにあります。千年に一度と言われる大地震《おおじしん》でしたが、「どのような原因で地震が起きたのか」ということについて、プレートテクトニクスの観点、あるいは霊界《れいかい》の観点から、ご教示賜《たまわ》ればと思います。

地震《じしん》が起きること自体は予想されていた

竹内均　うーん、まあ、時期はともかくとして、起きること自体の必然性はあったと思うのね。

順序については、東北沖《おき》から始まっても、東海から始まっても、南海《なんかい》から始まっても、あるいは、九州沖から始まっても、どこから始まっても、おかしくはなかったので、このへんについては、私たちも、「どういうかたちで始まるかな」と思っていたけれども、まあ、この時期を選んで、あそこで起きたということだね。

これは、いろいろ解釈《かいしゃく》はあるだろうけれども、マグニチュード9・0ですか。うーん、かなりの大きさではありますね。

ることにつながる』ということへの認識が十分ではなかった」ということに対する、ある意味での「天罰」だったと思いますね。

今の与党は、失業した人に炊《た》き出しをするような、そういう目に見えること、飲んだり食べたりするようなことについては見えるのでしょう？　しかし、もう少し長期的な視野で国民を守るようなものの考え方については、腰《こし》が座っていないので、はっきりとは分からなかったということでしょう？　その意味では、運が悪かったですね。

首相も、鳩山《はとやま》さん、菅《かん》さんという理工系出身の人が続いたにもかかわらず、こういう事態になっているのは、「本来、自分たちが関心を持つべき領域を、軽く見ていた」と言えると思います。

「コンクリートから人へ」と言っていた鳩山さんのときに、予算カットが進められ、防災の甘《あま》さが出ているし、菅さんは確か東工大で原子力関係の勉強もしていたはずですから、その人に原発事故の問題が来ているのは、まさしく、ジャストフィットしている感じですね。

「本業というか、本来、知っている方向のところで、やるべきことができず、できもしないところのほうをやろうとして、失速している」という感じは受けましたねえ。

ですから、「国民の命を守る」とか言っていましたが、根本的に、嘘《うそ》だったということではないですか。「国民の命を守りたい」とか言っていたんでしょう？　「命を守りたい」？　全然守っていないではないですか。命を全然守っていません。たくさんの命が失われたんでしょう？　どうやら、万の単位まで行きそうなんでしょう？　「命を守りたい」と言っているときに、命を守れなくなっておりますね。

それから、「最小不幸内閣」と言っているときに、「最大不幸」がやって来ているんでしょう？　何か、これは、おかしいですよね。

私は、東北の人を侮辱したりバカにしたりする意味で「天罰」という言葉を使いたいわけではないのですが、「与党の基本的な考え方のなかに、天罰に当たる『逆発想』が忍《しの》び込《こ》んでいたのではないか」という感じはしますね。

政府は、もう少し、きちんとした危機管理の意識を持つべきだったと思います。そういうことをするために、実は、税金を集めているのではないでしょうかね。営利性のあることだったら、民間会社がみんなやりますよ。利益が出るようなことは、みんながするのです。しかし、利益が出ないようなことはやりません。だから、国や地方公共団体が、税金を集め、国民の生命・安全・財産を守るために、地震対策などをやるんじゃないですか。

地震対策なんかしたって、普通《ふつう》は儲《もう》かりませんもの。お金を払《はら》ってくれる人はいませんから。だから、そういうことのために、税金を払っているわけです。今の与党は、ここを何か勘違《かんちが》いしていますよね。

例えば、「教育手当のようなものを一生懸命《いっしょうけんめい》ばら撒《ま》く」などと言っているんでしょう？　まあ、「今回のことで、教育手当や子ども手当のほうは、予算カットになるかもしれない」」とのことではありますが、教育のほうは、民間でけっこうできることなんですよね。教育事業は営利性があるので、効果があがれば民間でもできます。

要するに、「実績をあげれば民間でも十分できることのほうに、国は税金を投入しようとした。そして、民間ではできない、つまり営利性がない分野について、国はやろうとしなかった」ということです。

これは、まあ、選挙で勝つために歓心《かんしん》を買おうとして、そちらのほうに走ったというところでしょうかね。この意味では、やはり、「人災だし、天罰だ」と思います。

日本列島の沈没《ちんぼつ》は構造的に避《さ》けられない

どの地震から来るか。ずーっと長らく、何十年も心配されていたのは、東海地震ではあったんですけれどもね。まあ、これは長く待ちすぎて、待ちすぎて、なかなか来なくて、みんな忘れてしまうぐらいまで時が過ぎたんですけれども、こちらのほうが来なくて、三陸沖のほうが、もう一回、来たわけです。まあ、残念ではあります。

あるとしたら、あとは……。

まあ、これは、後ろの質問者の方が訊《き》くかもしれないのですが、今、民主党内で、東北関連の〝地震〟が起きていますからね。〝岩手県内地震〟でしょうか。まあ、今、「小沢《おざわ》王国が崩壊《ほうかい》するかどうか」ということをやっているのでしょうから、こういうものも、ある意味では、神意として働いているような感じがしないわけでもありません。このあたりに、何か、日本を不吉《ふきつ》にしているものの原因があるように見えますね。

ただ、私の感じでは、「今回、東北から来たけれども、必ずしも、この順序で来なければいけないものではなかった。日本列島全体を見ると、どこも予断を許さない状況《じょうきょう》にある」と思います。

実際に、地震はあちこちで活発化していますね。三陸沖から茨城《いばらき》沖、それから北陸や新潟《にいがた》沖、最近では静岡《しずおか》方面等、いろいろな所で起きてきていますが、日本列島の周りのプレートについて、ぐるっと、一通り点検に入っているような動き方が見えるのです。

したがって、「これで終わるかな。マグニチュード9・0のものが、東北の太平洋側のプレートで起きて、これで本当に終わるかな」という感じが、やはり強いですね。うーん。

小島　これは、「プレートテクトニクスの観点から見ると、エネルギーがそうとう溜《た》まっている」と考えてよろしいのでしょうか。

竹内均　まあ、時間軸《じく》をどう取るかは、ちょっと言いかねるものがありますが、地震学的に見れば、日本列島が海没《かいぼつ》することは、運命的に決まっていることなんですよ。プレートが日本列島の間際《まぎわ》で沈《しず》んでいるので、これにやがて引きずり込まれ、大きな地震と津波、そして、海没が起きる可能性は、そうとう高いのです。「それが猶予《ゆうよ》されている間《あいだ》だけ、繁栄《はんえい》が許されている」という感じを私は持っています。「日本の最期《さいご》は近いのかな」という憂慮《ゆうりょ》は、やはり禁じえないですね。

ですから、時間的な確定はできないけれども、プレートテクトニクス理論から見れば、日本列島が沈むということは、もう、構造的に避《さ》けられないと思います。

政治の乱れと天変地異は連動する

小島　「日本列島は、プレートが沈んでいく間際にあるので、構造的には沈んでいく運命にある」とのことですが、小さな地震が頻繁《ひんぱん》に起き続けることで、エネルギーを逃《のが》したりすることはできないのでしょうか。

また、私《わたくし》たちは、「理想国家をつくり、日本を繁栄させていくことで、霊的な観点から、日本沈没《ちんぼつ》という運命を逆転していきたい」という思いで活動しているのですが、竹内先生からご覧になられて、いかがなものでしょうか。

竹内均　それが、地球物理学と連動しているかどうかは知りません。ただ、私たちは物理学者でもあるけれども、古文書《こもんじょ》とか、いろいろなものも調べますのでね。いろいろと古い文献《ぶんけん》を読み、歴史を調べるわけです。それで、日本もそうだし、中国もそうですが、古文書等によれば、「地震や噴火《ふんか》、津波、天変地異等が起きるときには、たいてい政治の乱れがある。両者は連動するものだ」と考えられているわけです。国民の間ではね。

つまり、「政治の乱れ、あるいは、人心《じんしん》の乱れ、不満のようなものが、天変地異や凶作《きょうさく》、飢饉《ききん》を引き起こして、『革命』に至り、天の命《めい》が革《あらた》まる」という理論は、昔からありますわね。中国人や日本人等は、それを信じています。

欧米人《おうべいじん》が信じているかどうかは知りませんけれども、欧米のほうでも、多少感じるものはあるようでしたね。例えば、アメリカで、巨大ハリケーンに襲《おそ》われ、都市が水没したことがありましたが、そのときには、政治家の徳を疑うようなことがあったようです。

まあ、歴史的に、伝統的に言われていることから見ると、ある程度、当たっているような気が、私もするんですよね。やはり、時代の変わり目というか、世が乱れるときに、そういうものがよく起きやすいということです。日蓮《にちれん》の予言風になりますけれども、そういうところはあるのではないでしょうか。

私としては〝民主党地震〟と名付けたい

今回の地震を、東日本大地震《おおじしん》と言うのかどうか知りませんが、私としては、〝民主党地震〟と名付けたいですね。やはり、何か、日本の舵取《かじと》りを大きく間違えたのではないでしょうか。

まあ、天罰という言葉が適切かどうかは知りませんけれども、「幸福の科学や幸福実現党が二年ほど前から一生懸命に声をからして訴《うった》えていることに対し、マスコミや民間の人々は冷たくあしらっていた」ということへの仏罰《ぶつばつ》が、やはり、あるように私には思えますね。

あっ、地球物理学者が「仏罰」と言ったら、ちょっと、おかしいかもしれません。ただ、私は神仏を信じる立場ですので、まあ、おかしいかもしれませんが、「仏罰はあるのではないでしょうか」と言っておきたいと思います。

幸福の科学や幸福実現党が正論をけっこう言っていたのに、それを無視してバカにし、「宗教ごときが」と見ていた面はあると思いますね。

自分たちを苦しくする政権、不幸にする政権を選んだにもかかわらず、マスコミは、大勝利の大喜びをやっていましたね。そして、現政権は、高支持率を得たけれども、今度は、袋叩《ふくろだた》き状態が続いています。

そして、統治能力のなさの極《きわ》めつけとして、とうとう、「国民の生命・財産・安全等を守れない。最小不幸社会さえ目標とするに足りない」という状態になっています。

菅さんは、「最大幸福社会を目指すのではなく、最小不幸社会を目指すのが、自分の内閣の使命だ」と言っていましたが、結果的には、「最大不幸社会を実現することこそ内閣の使命」という方向に行こうとしているように思いますね。

結局、菅さんの心のなかにある姿が、描《えが》き出されているのではないでしょうか。

それと、もう一つは、内閣もそうなのですが、畏《おそ》れ多くも畏《かしこ》くも、やはり、皇室のほうの徳の問題もあると思うのです。

昭和天皇が、お亡くなりになられたのは一九八九年でしたかね、そのあたりが、日本の繁栄の最後のピークでした。平成の世になってからは、バブル崩壊から始まって、阪神大震災《はんしんだいしんさい》や、今回の東日本大震災があり、また、さまざまな景気後退によって中国に経済（ＧＤＰ）で負けたり、国防上の危機が現れたりしています。平成の世が、とても平静ではないように、日本は、政治としても沈没の流れのなかに入っているように見えます。

ですから、皇室の徳の部分も、やはり、昭和天皇が身罷《みまか》られてからあとですね、どこか、徳が、うーん、やはり、うーん、十分ではないのではないかなと……。

つまり、皇室のなかに、敗戦をいまだに背負っているところがあり、皇室の存続に対して、自己卑下《ひげ》的なもの、あるいは、自己処罰的なお考えがおありになるのではないかと思うんですね。その考え方と今の内閣との考え方とが、非常に共鳴し合っているように感じられるのです。

平成の世は、あまりいいことが起きていませんね。

次の御世《みよ》は、今の皇太子様の御世でしょうけれども、もうすでにあまりよくない予兆が現れております。「日本《にっぽん》存亡の危機」と「国体としての存亡の危機」とが同時に来そうな気配がありますね。

4　今後、地震《じしん》が予想される地域

小島　防災という観点から、今後、どういう所で地震《じしん》が起こりうるかを知りたいのですが、竹内先生の目からご覧になって、いかがでしょうか。

数年以内に大地震《おおじしん》が来る可能性は極《きわ》めて高い

竹内均　日本で地震《じしん》がない所というのは、もうないですよ。可能性がない所というのは、ないのです。どこでも「あり」です。

そして、これだけ大きいのが来たら、数年以内に、また大きいのが来る可能性が極《きわ》めて高いですね。

あらゆるトラフ（細長い海底盆地《ぼんち》）が動き始めるような感じです。日本列島を支えている岩盤《がんばん》のところが、今、大きく動き始めています。いわゆる地殻変動《ちかくへんどう》が、霊《れい》的《てき》にも物理的にも起き始めている感じですね。まるで、「この日本列島、日本という国の存在意義があるのかどうか」を問うているかのような運動です。

まあ、あえて言えば、本当に〝幸福実現党仏罰《ぶつばつ》地震〟と名付けたいぐらいですね。これは、やはり来ますよ。たぶんね。

太平洋側は地震《じしん》で攻《せ》められ、日本海側は国防で攻められる

あなたがたは、今、鎌倉《かまくら》時代の日蓮《にちれん》的立場に立っているのかもしれません。ある意味で、非常に逆風下で戦っているのかもしれません。

しかし、現政権のやることなすことの結論が、全部、正反対に出てくるようになってきたならば、いずれ、あなたがたの正当性が認められてくるので、今やっていることは、将来、大きく広まる原因にもなりましょう。危機が、新しい機会に変わることはあると思います。

ただ、やはり、日本のマスコミの体質を、壊滅的《かいめつてき》なところに追い込《こ》むまでは、おそらく、天変地異は止まらないと私は思いますね。

だから、東日本の次は……。まあ、私がズバリ地域を言ったらいけないのかもしれませんが、要するに、「太平洋側は地震《じしん》で攻《せ》められ、日本海側は国防で攻められて、今後、挟《はさ》み撃《う》ち状態が起きる」と見ています。

日本存亡《にっぽん》の危機です。日本存亡の危機だからこそ、今、あなたがたが戦っているのでしょう?

まだ、力が及《およ》ばないでいますが、自分たちの力だけでやろうとしても、できるものではないんですよ。それは、やはり、民意が後押《あとお》ししてくれなければ、できることではないのです。

日本は、今、唯物論《ゆいぶつろん》・無神論国家として沈没《ちんぼつ》することを、よしとするのかどうか、踏《ふ》み絵を踏まされていると思いますね。もし、「唯物論・無神論国家として、地震で沈《しず》もうが、中国の属国になろうが、日本はそれで構わない」と言うなら、容赦《ようしゃ》しない事態が起きるだろうと思います。

地球全体から見ると、島国の日本が浮《う》かぼうが沈もうが、そう大したことではないんですよ。地表のほんの一部なんですから、地球全体から見れば、どうでもいいことなんです。やはり、ここに、地球にとってどうしても必要な「繁栄《はんえい》の種」がなければ、存続の意義がないですよね。

そういう意味で、日本は、東洋のギリシャとしての地位を確立しないといけませんね。西洋文化発祥《はっしょう》の地としてのギリシャのような地位を確立できなければ、どのように料理されようと、しかたがないですよ。

私は、映画「日本沈没」の内容が現実化し、後世、予言者として名前の遺《のこ》る自分の姿が見えるような気がして、しかたがないのです。別に、それを望んでいるわけではないんですけれどもね。

太平洋岸は、どこも攻められると思います。予想外の所はありません。全部、想定内です。東北沖《おき》であろうと、北海道であろうと、もちろん首都・東京であろうと、静岡《しずおか》沖の駿河湾《するがわん》トラフであろうと、名古屋《なごや》沖であろうと、それから南海《なんかい》大地震であろうと、日向灘《ひゅうがなだ》沖地震であろうと、何でもありですよ。何でもありです。

沖縄《おきなわ》だって分からないですよ。沖縄も、歴史的にはどんどん沈んでいっているので、住民が、あまり変なことを言って騒《さわ》ぎ、悪いことばかりしていると、外国に攻められる前に沈んでしまうこともありますよ。

それから、日本海側は、近年中に、外国から侵略《しんりゃく》を受ける可能性が指摘《してき》されているのでしょう?

もう、日蓮の時代に、タイムスリップして戻《もど》った感じですね。〝元寇《げんこう》〟と地震と津波《つなみ》、飢饉《ききん》、疫病《えきびょう》、うーん、それから内乱、まあ、いろいろなものが起きて、世紀末現象が起きるような気がします。それは、わりに近いと私は感じますね。

ハッ。残念だね。変な時代に生まれたね。もっと早く生まれて、早く死ねばよかったんだよ。

謙虚《けんきょ》に反省すべきときが来ている

小島　こういうときだからこそ、危機を打ち返すべく、頑張《がんば》ってまいりたいと思います。

竹内均　あれでしょう？　二〇一二年が、マヤ暦《れき》の地球最期《さいご》の日なんでしょう？　二〇一二年十二月二十二日あたりでマヤ暦が終わり、その日が、人類の終わる日になっているんでしょう？

だから、これは、来年、あれですよ。「人類最期の日がやって来る」という一九九九年七月問題に続いて、もう一回、盛り上がりと言っていいのかどうか、それは不謹慎《ふきんしん》な言葉かもしれませんが、世紀末現象、世紀末のムードは、これから盛り上がってくるでしょうね。ええ。

小島　厳しい状況《じょうきょう》ではありますが、私《わたくし》たちは、主の降臨を伝え、そして、日本の未来を必ず変えていけるように精進《しょうじん》してまいります。

本日は、ご教示を賜《たまわ》り、ありがとうございます。

竹内均　まあ、今回の地震は、いずれ起きるものであったとは思うけれども、「今ここで起きた」ということの意味は、ユングの共時性ではありませんが、よく考えたほうがいいと思います。

こうしたものを天意の表れと見て、「謙虚《けんきょ》に反省すべきときが来ているのではないか」と考えられたほうがいいと思いますね。

小島　はい。それでは、質問者を替《か》わらせていただきます。

5　原子力発電は推進すべきか

江夏　本日はありがとうございます。私《わたくし》はＨＳ政経塾《じゅく》（政治家・企業家《きぎょうか》を輩出《はいしゅつ》するための社会人教育機関）の江夏と申します。

竹内均　そうかい。

江夏　私からは、地震《じしん》に伴《ともな》って起こりました原子力発電所の事故について、少しお教え願えればと思っています。

竹内均　うん、どうぞ。

江夏　今、福島の原発がかなり厳しい状況《じょうきょう》になっています。この収録が一般《いっぱん》公開されるころには、もう事態は収まっているかもしれませんが、これを機に、日本だけではなく世界レベルで、原発に対する否定的な流れができるのではないかと予想しています。

私は、原子力エネルギーは人類にとって必要なものであると思いますが、天上界《てんじょうかい》から見た場合、原子力エネルギーはどのように評価すべきものなのでしょうか。推進すべきなのかどうか、先生のご見解を教えていただければと思います。

原発は、日本のエネルギーを守る意味で非常に大事

竹内均　日本の原発は、確か、世界で三番目ぐらいの数があると思うけどねえ。

そして、関係がないのに、ドイツでは、一部の原発の運転を止《と》めたり、中国では、原発の開発計画を一時停止すると発表したり、ほかの国が、けっこう及《およ》び腰《ごし》になっ

てきているね。

だから、原子力に関しては、日本は、気の毒にも、モルモット扱《あつか》いだなあ。「原子爆弾《ばくだん》を落としたら、どうなるか」という実験材料にもされてしまいましたが、次は、原発事故でも、またモルモット化しそうな感じですね。

安全性を考えて、理論上は大丈夫《だいじょうぶ》なように設計しているんですけれども、実際にどの程度の事故まで耐《た》えられるかは、起きてみないと分からないので、そういうサンプルが必要なんですよ。今回、そのサンプルになりそうなので、まあ、嫌《いや》な運命だねえ。石油もなく資源もない国が、原子力発電の分野で、さらに首が締《し》まっていくというのは、非常に残念なことだね。

住民は、きっと、「沖縄《おきなわ》の米軍基地は退去せよ」というのと同じように、これから、原発廃止《はいし》運動をたくさんやり始めると思うので、流れ自体は、左翼《さよく》運動によく似たものが数多く出てくるだろうね。流れ的には、そうなってくるだろうが、結局、今度は、エネルギー源を石油に頼《たよ》ることになるね。今は、水力発電のほうも止めに入っているので、より石油に頼るかたちになってくると思う。

そうすると、先ほどの国防の問題と一緒《いっしょ》になって、「エネルギーの供給が止まったらどうなるか」という第二次大戦のときと同じテーマが、もう一回、出てくるね。だから、繰《く》り返し繰り返し、同じような歴史が出てくるね。

要するに、原発は、自分たちのエネルギーを守る意味で非常に大事なものだけれども、防衛体制がしっかりしていなければ、攻撃《こうげき》目標になる危険性はあるし、また、今回のような事故で、被曝《ひばく》する者が出てくるおそれもあるよね。

日本は世界のリーダーたりうるかが試《ため》されている

海外のテレビ等の報道を見ると、日本の原発がいつ爆発するか、期待しているようにしか見えないですね。

どの程度の被害が出るか、データが欲しくて欲しくてしかたがないようにも見えます。「どの程度の事故が起きて、どの程度まで被害が出るのか。被曝した人たちが今後どうなるのか」、そういうデータが欲しくてしかたがないように見えます。

原発事故の一種のサンプルあるいは資料として、日本を使いたいという感じですかね。

先の大戦で、日本は原爆の実験材料に使われたけれども、「白人ではないから、十万人や二十万人殺しても構わない」と思ったんだろうと思います。アメリカでは、原爆を落とした飛行機が展示され、原爆を落とした人は英雄《えいゆう》になっていますからね。まあ、原爆投下を命じた大統領も英雄なんでしょうけれども、反省はまったくゼロでございますからね。

「黄色人種《おうしょく》だから生きる権利なし」と思ったのかもしれませんし、インディアン狩《が》りをしたのと同じような発想が、背景にはあったでしょうねえ。アメリカは、もともとインディアンの国だったのに、白人が攻め込《こ》んで取ったわけですが、それについて、反省のかけらはまったくありません。

「騎兵隊《きへいたい》が正義であり、弓矢で歯向かってくるインディアン、急襲《きゅうしゅう》してくるインディアンは、みな悪である」と考えていたんでしょうが、どう考えても、あの土地は、もともとインディアンの持ち物ですから、侵略者《しんりゃくしゃ》は白人のほうですよ。

しかし、「騎兵隊は正義であり、インディアンは悪である。全部取ることが正しくて、インディアンは居留地に住んでいればいい」というような感じの差別主義が連綿と続いてきたわけです。

この近代ヨーロッパの差別主義との終着点の戦いが、第二次大戦からあと、ずっと続いていると思いますが、今、「黄色人種である日本人が世界のリーダーたりうるか」というのが、一つのテーマになっているのです。

先の大戦で、日本は、ヨーロッパの先進国と戦って勝った。その前は、ロシアとも戦って勝った。しかし、アメリカには負けた。「それで終わりか」と思ったら、そのあと、経済的に立ち直ってきた。立ち直ってきたけれども、またしても、もう一回、沈《しず》められようとしている。はたして、ここから浮上《ふじょう》できるかどうか。まあ、こんなところでしょうかね。

何だか、「歴史は繰り返す」で、先ほど鎌倉《かまくら》時代の話をしましたが、明治維新《いしん》のころもまた思い出されますね。

当時、ヨーロッパ列強は、清国《しんこく》を切り取っていきましたが、清国は、巨大《きょだい》な大国であり、「眠《ねむ》れる獅子《しし》」と言われて恐《おそ》れられていた国でした。国は大きいし、人口は多いし、GDPも当時は世界一位だったと言われておりますからね。そのように、ヨーロッパの国よりも大きかったのに、簡単に切り取られていったわけです。

そして、日本は、弱小国、劣等国《れっとうこく》と見られていたのに、その国が清国に勝ち、世界はびっくりしました。さらに、ロシアという、ドイツもナポレオンも勝てなかったような国にも、唯一《ゆいいつ》、勝っていますよね。だから、日本は、白色人種以外の有色人種にとって、希望の星のような国だよね。

その日本が最期《さいご》を迎《むか》えるのかどうか、あるいは世界のリーダーたりうるのかどうか。今、そのような試金石が来ている感じかな？

まあ、「二度と、このような悲劇が起きませんように」というような「広島・長《なが》崎《さき》の祈《いの》り」があるけれども、原発に関しても被害国になり、「福島の祈り」とか、「茨城《いばらき》の祈り」とか、そういう方向に持っていくのか、あるいは、これを乗り越《こ》えていくのか。それが試《ため》されているところでしょうね。

チェルノブイリ原発事故では、「やはりロシアの技術は低いんだな」と思われたし、スリーマイル島《とう》の原発事故でも、「ずさんな管理をしていたんだな」と思われたところがあります。しかし、日本は、地震や災害に対しては最先進国であり、自信を持って原発開発を推進している立場であったのでね。だから、今後、世界のエネルギー供給に関しても、大きな課題が出るでしょうね。

「グリーン・ニューディール」はイメージ戦略にすぎない

世界は、まだ、あなたがたが言っている方向には動いていません。

例えば、まだCO_2排出《はいしゅつ》等の問題について、いろいろと議論していますが、これは、油燃料を使うかぎりは出続ける問題ですからね。したがって、代替《だいたい》エネルギーを開発できなければ、やはり、うまく行かないでしょうね。

オバマ大統領が推進しているエネルギー革命は、「グリーン・ニューディール」ですか。彼は、クリーンエネルギーと言われる太陽光や風力、あるいは潮力など、油を使わない電力供給への革命を言っていますが、私は基本的に、「それは、現在の重油等を使っての火力発電、ダムを使っての水力発電、それから、第三の原子力発電に替《か》わるだけのものには、なりえないのではないか」と感じています。

というのは、オバマさんが言うようなクリーンエネルギーは、設備投資に費用がかかるわりに、生産エネルギー効率が悪いのです。だから、これは、ある意味で、「地球に優《やさ》しいというイメージ戦略でしかない」と思われます。

したがって、今後、クリーンエネルギー革命のほうに、投資も進むだろうし、企業も進出するだろうし、国策もそちらのほうに傾《かたむ》いていくだろうけれども、おそらく、バブルとして崩壊《ほうかい》するのは確実です。私はそう見ていますね。それだけの投資効果はありません。あれは、政治家をクリーンに見せるためのイメージ宣伝にしかすぎなくて、現実に、それだけの力はないと思われます。

日本においても、風力発電や潮力発電など、いろいろありえましょうが、安定的で強大なエネルギー供給ということを考えると、やはり、足りないものがあります。

エネルギーを巡《めぐ》っての戦争が起きる可能性

また、お隣《となり》の中国は、十数億の人口を抱《かか》えていますが、これから電力不足に陥《おちい》っていくことは、もう目に見えていますね。「中国やインドの電力を、どうやって賄《まかな》うか」ということを考えますとねえ……。

ま、中国は三峡《さんきょう》ダムとかをつくりましたが、川の水がそもそも涸《か》れてきているんですよ。川の水が涸れてきている所では、水力発電は十分にできませんので、今、中国は油を買い占《し》めつつありますよね。要するに、西南アジアの油を買い占めて、それを発電エネルギーに換《か》えようとしていますが、中国の人口がこのまま増え続けたら、油がなくなってしまうでしょうね。

インドも同じ事情を抱えています。インドにも川はありますけれども、水力発電だけで電力を賄えるはずがありません。そこで、「やはり火力発電で行く」ということになれば、油の取り合いになります。それとも原発を推進するかです。

中国とインドを合わせると、やがて人口的には、世界の半分ぐらいになりかねない勢いですね。これだけの人たちが生活をし、食べていくのは、大変なことです。水、食糧《しょくりょう》、エネルギー等において重大な問題が起きてきますね。

動物は、増殖《ぞうしょく》しすぎた場合に、必ず、その数を減らすような行動をとるんですよ。殺し合うことが本能的に起きてくるんです。つまり、これは、大きな戦争等が起きることを意味しているのではないかと思います。

エネルギー問題を解決できなければ、「エネルギー不足」、それから「エネルギーが足りないことによる、食糧の増産ができないこと」、あるいは「水不足」等により、今度は、世界のいろいろな所で戦争が起きてくるでしょう。こうした震災のあとには、大量殺戮《さつりく》が行われるのが当然のことのように思われる時代が来ると思われます。その数も、人口から見て、億の単位の大量殺戮を伴う戦争が起きる可能性が高いと思います。

したがって、将来のエネルギー事情、水事情、食糧事情等に対する対策を、今、地球レベルで考えなければいけないと思いますね。

代替エネルギーとして、「風力発電」や「潮力発電」、あるいは「ダムを使わず、わずかの水位差を利用した、生態系に優しい水力発電」、さらには「地熱発電」など、いろいろございますが、ただ、「どれだけのエネルギーを賄えるか」ということを考えて言うとしたら、左翼系の反対運動はそうとう出ると思いつつも、やはり、原発は、何らかのかたちで保護し、改善し、前進させないといけません。そうしなければ、次は、エネルギーを巡《めぐ》っての戦争が起きるのです。

世界的に、「原発事故の被害を止めたい」「原発をやめましょう」ということになるかもしれませんが、そうなると今度は、エネルギー確保を巡っての戦争が起きると思われるので、日本は、この危機を通り越して、何とか、安全な原発の開発、原子力エネルギーの安定供給をつくり出していく必要があると思いますね。

原発を全部停止したら、次は「日本占領《せんりょう》」が待っている

原子爆弾や水素爆弾のようなものに対しての反発はそうとうございます。つまり、原子力に関しては、人を殺す道具として考えた場合には、強い反発があるわけです。しかし、無限のエネルギー源として平和利用するかぎりにおいては、天上界から見て「悪」でも何でもありません。これは、私の意見だけかどうかは分かりませんけれどもね。

要するに、いろいろな事故は、進化のためのステップとしての実験資料の面もありますので、今回の事故によって、あまり後退してはいけないと思うのです。

高速増殖炉《ぞうしょくろ》「もんじゅ」も、ずいぶん使えないでおりましたが、半永久的に使えるエネルギーというのは、やはり、夢のようなエネルギーですからね。そういうものを一般の人に理解させるのは、なかなか難しいことですけれども、国家の安定

にとっては極《きわ》めて大事なことだと思いますね。

もし、どうしても反対が多くて難しいのであれば、もう少し違《ちが》った所に考えたらいいんですよ。例えば、沖ノ鳥島のように、もう沈みかかっていて、日本の国土としてなくなりそうで、必死にコンクリートで固めている島がございますが、そのような所に巨大な要塞《ようさい》をつくり、占領《せんりょう》されないように警備もしっかりつければ、原発施設《しせつ》をつくったって構わないわけです。これは、まだまだ研究の余地はあると思いますね。

物理学は、ついに神の領域にまで入ってきたのだと思います。最先端《さいせんたん》の物理学は、今、「神は、どのようにしてエネルギーをつくられたのか。どのようにしてエネルギーを物質化し、物質をエネルギー化したのか」という秘密に迫《せま》っているところなのです。ですから、あまり後ろ向きにならないように、頑張《がんば》らないといけない。

しかし、「原発は必要だ」という言論は、そんなに簡単には通らないかもしれません。沖縄の住民に、「米軍が必要だ」と言っても、きいてくれないのとまったく同じ状態が起きると思います。

全国に五十何基ある原発周辺の住民は、今後、みんな反対に回ってくると思いますが、「原発が全部停止したときには、次は日本《にっぽん》占領が待っている」と考えていいと思いますね。

特に、日本は、原子力の軍事利用が全然できておらず、かなり後《おく》れを取っていますね。ここは、後進国へと転落していくかどうかの分岐点《ぶんきてん》の一つだと、私は思います。だから、原子力そのものを憎《にく》むのではなく、やはり、原発の安全性を高められないことをこそ恥《はじ》と思うべきかと思いますね。

次世代のエネルギー源は「重水素」

江夏　ということは、科学技術が発展すれば、今後、原子力をもっと有効に使える時代が来ると考えてよろしいでしょうか。

竹内均　まあ、おそらく、次のエネルギー源として開発されるものが出てくると思いますけれども、少なくとも、二十一世紀中は、これが有力エネルギー源であることは間違いないですねえ。

「次のエネルギー源は、おそらく、重水素かなあ」と、私は見ているんですけれども。

水の分子式はH_2Oですが、水には、質量数の大きい水素と結合したものがあるんです。そして、この重水素のところから分離《ぶんり》するエネルギーが、きっと次なるエネルギー源になるのではないかと見ています。まあ、それが実用化されるまでには、まだ、もう少し時間がかかるのではないかと思いますね。

これが開発されると、海水から無限のエネルギーを取り出すことができるようになっていくはずですが、ただ、「二十一世紀中は、まだ原子力発電を完全に捨てられない」という感じを受けております。

江夏　ありがとうございます。

6　地震《じしん》の予知は可能なのか

江夏　話題は変わりますが、地震《じしん》の予知について質問させていただきます。今は、緊急《きんきゅう》地震速報といいまして、地震が発生してから揺《ゆ》れが到達《とうたつ》するまでの間に、国民に地震発生を知らせるシステムがあるのですが、地震が起きる前に予知できるような科学的システムの開発は、今後、可能性としてはあるのでしょうか。

地震《じしん》の予兆は、さまざまなかたちで現れる

竹内均　あるでしょうね。一つは、やはり地磁気ですね。地殻《ちかく》から出ている磁気の測定から、予測する方法があるはずです。

つまり、プレートが沈《しず》んでいく段階で、いろいろな岩石等がミシミシと壊《こわ》れていくわけですね。そして、岩石等が粉砕《ふんさい》されていくときに、小さな振動《しんどう》、波動《はどう》が出ると同時に、エネルギーが放出されるのです。

要するに、大きな地震《じしん》が起きる前、プレートが沈んでいくときに、微細《びさい》な微細な地磁気の変化が現れるんですよ。ここのところを、もう一段、詰《つ》めることができれば、おそらく本震《ほんしん》が起きる、一カ月ぐらい前には、それが分かるようになると思います。一カ月あれば、ある程度の対策が立つ可能性はありますね。

将来的には、おそらく、「大《おお》地震発生一カ月前」とかいうような予告が出たり、「一週間以内に本震が発生する可能性八十パーセント」とか、「三日前」とかいうような予測が出たりするだろうと思います。

ただ、役人のほうは責任を取りたくないし、政治家もあまり責任を取りたくないので、「そういうものが出せるかどうか」という問題はあります。そのため、リスクの取り方について国民的合意を取る必要があると思いますが、すでにある技術を使って予測すること自体は、ある程度、可能であると思いますね。

そういう、地磁気の測定グラフからの読み取り、および、「水位」ですね。昔から、地震が起きる前には、井戸《いど》の水位が急速に下がったりすることがあるので、地下水の調査が一つにはあります。

あと、科学的にはまだ実証されていませんが、地震雲《じしんぐも》の発生についての報告がかなり多いですね。「地震が起きる前に、地震雲が現れて発光する」ということが報告されています。

この「地震雲が現れて発光する」というのは、実際に、大地から、ある意味での光が放たれているのです。それを雲が反射しているんですが、大地の側のほうの人たちは、あまり分からないでいるんですね。

実際は、いろいろな岩石が壊れるときに、発光現象が数多く起きていて、それで、雲が七色《なないろ》に変化しているわけです。それを研究している人もいるはずですが、科学としてはまだ認められていません。

しかし、地震雲の研究をしていくと、だいたい三日前あたりから、大きな地震の予測は可能になるのではないかと思われますね。

まあ、そういう実証研究を重ねると同時に、それを発表する勇気が必要です。それから、予測が外れることはありますが、もし外れても、「事故が起きなかったら、それは悪いことではない」と、ある程度、認めなければいけないですね。

例えば、受験であれば、合格可能性八十パーセントとか、六十パーセントとか、五十パーセントとか出て、それが当たろうが外れようが、文句の言いようがないですよね。最後は、個人の問題と思って、あきらめていますが、でも、予想がないよりは、あったほうがいいんでしょう? 実際は、試験を受けてみないと分からないですけれども、いちおう、そういうものがあるわけです。

それと同じように、やはり、地震の確率とか、津波《つなみ》の確率とかは、ある程度、予測できるものがありますね。

それから、地震が起きる前には、深海魚等が浜辺《はまべ》に打ち上げられたりする傾向《けいこう》があります。これは、本震が起きるより前に、海底の奥深《おく》く、深海ですでに温度上昇《じょうしょう》が起きていて、実際はマグマが噴《ふ》いていたりすることがあるのです。要するに、海溝《かいこう》のなかの地割れが起きるような所で、火が噴いているようなことが多いんですよ。海底で異常な高温を発していると、深海魚等が死んで、打ち上げられたりするような現象が起きるわけですね。

こういうものは、ある程度、定期的に、検査や測量、深海パトロール等をすることで、異常性の発見はできると思います。これを、「どの辺りで、どの程度の規模のものが起きるか」という正確な予測に結び付けるのは難しいのですが、可能性としてはあります。

ですから、今後は、深海あるいは地震の巣と思われる辺りに対して、深海調査船を常時パトロール的に出し、そして、その船にボーリング装置を取り付けて、海底にボーリングをかけ、海底調査をしなければいけないと思います。

今回、震源の深さは二十キロ辺りであったことが分かっておりますので、だいたい十キロぐらい海底を掘《ほ》れば、地震の兆候ぐらいは分かります。これは、もう予算の問題だろうと思いますが、やはりボーリングをかけなければいけないですね。

日本列島も、定期的に〝人間ドック入り〟をしないといけません。地震の巣の辺りを、一定の周期で、人間ドック的な定期検査をかけることが大事ですね。そうすれば、変化が起きたときには予兆が出てくるので、ある程度、分かると思います。

現実には〝爆発《ばくはつ》〟する前に分かるんです。しかし、実際は、海の底のことなので、「全然分からない」ということになっているんですね。

それから、気象庁や東京電力、政府も含《ふく》め、国民に対して悪い情報を隠《かく》す傾向があるなら、それはやめたほうがよいのではないかと思います。

地震警報のようなものを、竜巻《たつまき》発生警報、あるいはハリケーン警報のようなものだと思って、もう少し、やらないといけないと思うんです。別に被害《ひがい》が出なくてもいいのですが、被害が出たときは大変ですからね。

まあ、今は、みんな、受験の合否判定でだいぶ慣れているので、「何十パーセントの確率で地震が起きる」と発表していけば、よいのではないでしょうか。外れても、「残りの部分が当たった」と言えば済むわけです。あまり外れると、狼《おおかみ》少年になって、相手にされなくなるのがつらいところでしょうが、これを推進すれば、ある程度、被害を防げる面はあるかもしれません。

日本列島が海没《かいぼつ》しても生き延びられる方法とは

本来ならば、「地震や津波等があっても、被害が起きない」というところまで設備投資ができればいいのですが、それができないのであれば、やはり、的確な避難《ひなん》行動ができるようにするべきですね。

現場のところを強化する場合もありうるけれども、少なくとも「避難する場所があるかどうか」ということも大きいでしょう。避難場所を確保することも大事だと思いますね。

日本は、全体的に、海抜《かいばつ》ゼロメートル地帯で非常に大きな発展をしていますが、これは、ある意味では怖《こわ》いことです。地震、津波、火事等の観点から見ると、非常に危険なことだと思います。日本は、そうしたゼロメートル地帯が多いですね。ただ、海没《かいぼつ》するにしても、まだ、生き残る道はあります。

例えば、オランダは、国土の多くが海面下であり、数多くの人々が、堤防《ていぼう》で囲まれた海面下の土地で生活しています。あそこは海没していっているんです。だから、日本列島がまるごと海没しても、対策が立てば、生き延びられる方法はあるということですよ。オランダは干拓《かんたく》事業をだいぶやりましたが、そのオランダのような行き方をすれば、日本列島が海没しても生き延びられる方法はあるわけです。

オランダに学べば、海面下四メートルとか、十メートルとかでも、土地を維持《いじ》することはできるということですね。それを考えると、今の堤防などの考え方は、少し変わってくる可能性がありますね。

やはり、将来的には、水没する可能性が非常に高いので、「どの程度の水没まで耐《た》えられるか」ということをシミュレートし、守るべき所については、きちんとオランダに倣《なら》って、海没しないように防波堤で全部を囲ってしまう方式をとればいいわけです。

確かに、巨大《きょだい》な設備投資が必要であり、まあ、現代の万里《ばんり》の長城《ちょうじょう》と化すかもしれませんが、巨大なケインズ経済学が生じる可能性は高いと思います。

水没してもいい所は、まあ、放っておいてもいいんですけれども、コンクリートがもったいなかったら、山のほうに集落を移すように勧《すす》めるしかありませんね。山のほうに行けばいいわけですよ。

百メートルを超《こ》える津波は、めったに来るものではありませんので、山の中腹以降に移せばいいわけです。それは、まあ、あれですよ。ペルーの山のなかにあるマチュピチュの空中都市のようなものです。なぜ、あのような高い所に空中都市をつくらなければいけなかったのか、意味は分かりませんが、何か理由があったのかもしれません。それは、津波が来るんだったら、上がらなければいけないでしょうね。

昔は来ていたかもしれませんよ。「昔、太平洋岸からチチカカ湖の付近まで海水が入っていた」という話はございますので、あるいは、最大津波のときに生き延びられるように、山の上に町をつくった可能性もあるわけですよ。

まあ、そういう意味で、今後の防災的な面を考えると、山の中腹辺りに、防災都市をつくっておくことも大事だと思います。日本《にっぽん》沈没に際しては、山の上のほうにも住処《すみか》をつくっておくことが大事かもしれませんね。

日本には、三千メートル級の山があるわけですから、「ここまで沈められるものなら、沈めてみろ！」ということで、山の上のほうに町をつくっておけば、いざというときには役に立つでしょう。掘っ立て小屋一つでは無理でしょうからね。

ですから、まだまだやり方はあると私は思いますね。

江夏　科学技術の発展の向こうに、希望が少し見えてきたような気がします。

竹内均　まあ、「最後は、ある程度、海没すると思うので、防潮堤等はあまり甘《あま》く見ないほうがいい」というのが私の考えです。これをケチったら駄目《だめ》ですね。

江夏　ありがとうございました。それでは、質問者を替《か》わらせていただきます。

7　防災において優先すべきこと

松島　本日はまことにありがとうございます。幸福実現党の松島弘典《まつしまひろのり》と申します。

私《わたくし》は岩手の出身でございまして、地震《じしん》から数日がたちましたが、知人のなかには、まだ数名、安否の確認が取れない方がいます。私自身は、今、政治活動に携《たずさ》わっていますが、防災も、政治家としての大きな仕事であると感じております。

今回の大地震が起きてから、新潟《にいがた》でも長野でも地震が起き、一昨日《いっさくじつ》は、静岡《しずおか》のほうでも震度6の大きな地震がありました。そして、今も、全国各地で地震が続いています。

その意味で、幸福実現党としては、「今回の地震を機に、日本の防災をしっかりと見直し、『防災大国』として、日本を生まれ変わらせていきたい」と考え、昨日《さくじつ》、緊急《きんきゅう》ではありますが、「震災復興・日本再建に向けての政策提言」を取りまとめ、発信いたしました。今後、その内容をさらに詰《つ》めていきたいと考えています。

そこで、私からは防災について質問させていただきます。防災には、さまざまなものがあると思いますが、竹内先生がお考えになる、「防災における優先順位」というものがございましたら、お教えいただきたいと存じます。

日本の頭脳である首都と大阪《おおさか》は、何としても守るべき

竹内均　とりあえず、今は、東日本の復興にかかりきりで、これに、ずいぶん時間がかかるでしょう。まあ、三年はかかるでしょうが、その間《あいだ》に、次の地震が、ど

こかに来た場合には、ちょっと大変なことになりますね。

防災については、きりのないところがあるので、国家財政のことを考えると本当に大変ではありますが、やはり、首都と大阪《おおさか》は、何としても守らねばならないと思います。この二カ点を守らないと、この国の頭脳が消えますから、ここの防災に関しては、あまりお金を惜《お》しんではいけないと思いますね。特に、首都には、ゼロメートル地帯がかなりありますのでね。

私が話をしている現時点では、首都の直下型とか、大阪の直下型とか、名古屋の直下型とかは、まだ起きていませんけれども、地震がその周りをぐるっと取り囲んでいる姿を見ると、何だか、フカがボートの周りを回っているような感じに見えなくもありませんねえ。ボートに乗っている人を食べようと、フカがひれを海面に出して、ボートの周りを回っているように見えなくもないのです。

そして、次、密集地を狙《ねら》われたら、マグニチュード9・0まで起きなかったとしても、マグニチュード7台でも、そうとうな被害《ひがい》が出ます。

したがって、東日本の復旧と同時に、首都と大阪、名古屋等の防災について研究しておいたほうがいいですね。また、その反対の日本海側は、防衛面を考えなければいけないでしょう。

いずれにしても、日本は火山国であり、世界の地震発生数や火山活動は、けっこう日本に集中しています。日本人は、火山列島のなかに住んでいる「火の国の民族」なので、大変ですよ。

空からの災害支援《しえん》にも力を入れよ

お金をかけない対策を考えるとしたら、まあ、若干《じゃっかん》、不謹慎《ふきんしん》かもしれませんが、今、年金問題で困っていらっしゃるんでしょう？　だから、年金を払《はら》えない可能性が高い人は、海岸沿いに住んでもらうとか、まあ、そういう方法もあるかもしれませんね。そうしたら、一気に解決するかもしれません。

まあ、こんなことを言ったら、政党としては潰《つぶ》れるかもしれないので、いけないですけどね。でも、「七十歳《さい》を過ぎたら海岸沿いに住んでもらいます」と言ったら、みんな震《ふる》え上がるかもしれません。

そうですねえ、ちょっと、構造を変えなければいけないところがありますね。うーん。

あとは、今回の対応を見ていると、やはり、空からの援助《えんじょ》がかなり後《おく》れを取っているように感じるので、今回の災害を言い訳にしてでもいいから、日本は自力で、航空面の開発をもっともっとしっかりやらないといけませんね。

今、ヘリコプターで海水を運び、原発の上から撒《ま》いているようでございますが（収録当時）、何だか、仕事が小さいように思います。空からの災害支援というものも、もう一段、厳密にお考えになったほうがよいのではないでしょうか。

阪神《はんしん》・淡路《あわじ》大震災のときも、空からの消火活動にもっと早く手をつけていたら、被害をもっと減らすことができたと言われています。「消火剤《しょうかざい》を撒くと、酸素が奪《うば》われて窒息《ちっそく》し、死ぬ人が出る」などと言って、優柔不断《ゆうじゅうふだん》をしているうちに、かなり焼けてしまったのです。その結果、地震そのもので死んだ人よりも、火災で死んだ人のほうが、数は多くなってしまったと思いますね。

空からの消火活動については、日本はまだ遅れがあります。アメリカやカナダ、オーストラリアなどは、山火事等を消すために、空からの消火活動がそうとう進んでいます。日本も、やはり、空からの消火活動や救出活動に、もっと本腰《ほんごし》を入れる必要があるのではないでしょうか。

今回の原発事故では、ヘリコプターが、海の水を汲《く》んでは、上からばら撒いていましたが、私には、お笑いに近いように見えてしかたがなかったですね。思いつきでやっているようにしか見えませんでした。

大火災が発生したとき、例えば、東京中が火の海になったときは、どうするつもりでいるのでしょうか。自衛隊等のヘリコプターが何機か飛んで行って、海で水をすくっては、上空で撒いていくのでしょうか。

まあ、詳《くわ》しいことは知りませんけれども、もう少し、大規模な演習をして、大火災を食い止める準備をしておいたほうがいいと思いますよ。そうすれば、地震等で火災が起きた場合だけでなく、爆弾《ばくだん》やミサイルを落とされた場合でも、一瞬《いっしゅん》というか、短い時間で消火活動ができます。

また、マグニチュード9・0という、これだけ大きな地震が起きると、次は、やはり、火山爆発のおそれがあります。海底でのプレートの移動と、火山のほうはつながっている可能性があるのです。恐れるべきは、今、静かになっている火山帯に火がついてくることですね。これらが活性化してくると、今度は、火山灰が降ってくるかもしれません。

いずれにしても、「火攻《ぜ》め」「水攻め」を両方やられるということですから、もう、地獄《じごく》ですよ。この世で地獄絵図《えず》が展開される可能性があるので、やはり、あらかじめ考えて、対抗策《たいこうさく》を極力つくっておくことが大事ですね。

ですから、東日本の復興をやるのは当然ですが、東京、大阪、名古屋の三大都市圏《けん》は、壊滅的《かいめつてき》にならないように考えなければいけません。

災害時も、電力や物資を供給できるシステムの構築を

今回は、電力の問題も、そうとう出てきました。これは、「電力の供給システムに予備力がなければいけない」ということですね。今は、もう一段の予備力がない。こんな、「プロ野球が始まったら、電力が限界になります」というようなレベルでは、震災のときには耐《た》えられないと思いますね。

かなりケチをしているのではないでしょうか。例えば、テレビ局が増えないのは、電力の供給が足りないからではないですか。テレビ局をたくさんつくられると、電力供給が足りなくなるので、あまり増やしたくないのではないでしょうか。

やはり、発電量に余力をつけたほうがいいですね。きっと、高い電力を売っているのでしょうから、もう一段、発電量を増《ま》さなければならないですよね。そういう意味でのエネルギー供給は非常に大事です。

エネルギー供給以外では、もう一つ、物流が止まることが問題でしょう。

阪神・淡路大震災でも経験したことですが、今回の災害支援でも、物を送ったってなかなか現地に届かないですよね。道路が寸断されていることもあれば、市役所に山積みになって、被災者に届かないようなこともあるわけです。しかし、物流システムのバックアップ機能が働くようにしないと、危険度は極《きわ》めて高いですね。

さらには、防災関連で民間事業を起こしうる可能性がありますね。防災関連のセキュリティー会社を全国ネットでつくれる可能性があるような気がします。つまり、いざというときの防災システムですね。ここに、失業対策も兼《か》ねて、雇用《こよう》を生むチャンスがあるように思います。役所系統でやると、どうしても遅くなる節《ふし》があるので、私には、民間事業で大きいものをつくりうるチャンスがあるように思えてなりませんね。

それは、警備保障のように警備するというものではなくて、震災のときの総合対策をするものです。すなわち、医療《いりょう》から、食糧《しょくりょう》や水、電気など、いろいろなものを総動員してレスキュー体制をつくれるような、そういう民間会社を起こせるチャンスが来ているように思いますね。

それから、東京電力については、そうとう責められるだろうと思います。従来、電力会社には、役所や銀行に勤め損《そこ》ねたような安定志向の方が勤めていました。「仕事はあまりないだろう」と思って就職し、「普段《ふだん》、仕事があまりない」ということを喜んでいたでしょうが、これからは、もう少し、機動的な動きができる仕事のかたちをつくるなり、そういうタイプの人材育成をするなりしないと、許されなくなるでしょうね。

電力会社というのは、普段、何事もなければ、仕事がないのです。みんなマージャンをやっていても構わないんですよ。役所と一緒《いっしょ》で、実は仕事がないんですが、何かのときのために、みな、いるわけです。役所も、ほとんど、自衛隊の代わりにあるようなもので、非常事態のときに、仕事が発生することがあるんですけどね。

何か、そういう、危機管理関連の仕事、防災関連の仕事を創出しうるのではないかと思います。

8　日本のマスコミや政治に対して想うこと

最悪の場合、民主主義では「本当に必要な人」を選べない

竹内均　あなたは、何？　東北のことをもう少し聴《き》きたかったですか。

松島　いえ、お訊《き》きする予定ではありませんでしたけれども……。

実は、東北では、約三年前にも、岩手・宮城内陸地震《じしん》が起きておりまして、宮城県の北のほうにある栗原市《くりはらし》では震度6強の揺《ゆ》れでした。そして、今回の地震では、最大震度が7だったのですが、その震度7を記録したのが、実は、同じ栗原市だったのです。

この三年間に、岩手県との県境《けんざかい》の辺りに、大きい地震が二つ襲《おそ》っているという

ことは、先ほど、小沢《おざわ》さんという名前が出たのですが……。

竹内均　あるかもしれませんね、関係が。

松島　宗教政党である私たちとしては、「そういう地震と、政治家の資質あるいは、政《まつりごと》には関係がある」と、警告しているところではあるのですが、物理学者である竹内先生からご覧になって……。

竹内均　そういえば、あなたがたは、最近（二〇〇九年）、仙台《せんだい》市長選か何かで、大学で地球物理学を学んだ人を立候補させたんじゃなかったでしたっけ？

松島　ええ。残念ながら落ちてしまいました。今日、間に合えば、質問者として出ていただきたかったのですが。

竹内均　地震学に詳《くわ》しくて、博士号《はくしごう》を持っている人を、仙台市長選に立候補させたんですね。あの人を当選させておけば、ちょうどよかったでしょうなあ。

松島　そうですね、はい。

竹内均　その人が当選していたら、便利だったでしょうねえ。その人を落としたから、仙台に祟《たた》りがあったのかもしれませんね。

「そんな人は仕事ができない」と思ったのかもしれませんが、そういう地震の専門家を市長にしておけば、まさかのときの防災対策に役立った可能性は極《きわ》めて高いですね。

まあ、そういう方が、ほとんど無風状態で、泡沫《ほうまつ》候補として消し飛んでしまったのでしょう？　一般《いっぱん》の人の支持が全然得られなかったのでしょうが、災害がたくさん起きているような所では、災害対策の専門家にも、もう少し、政治家として出てもらわないといけないかもしれませんね。お金とか人気とか、そういうことばかり考えているような人では、災害対策はできないかもしれません。

確か、そのような人が、仙台で出ていらしたような感じがしました。惜《お》しかったですねえ。それは残念でしたねえ。公約で、地震対策、災害対策、津波《つなみ》対策を言ってもらえば、よかったかもしれませんね。

松島　防災ということを強く訴《うった》えたのですが、受け入れてもらえませんでした。

竹内均　それは、もうしょうがないわ。天罰《てんばつ》だね。まあ、自業自得《じごうじとく》ですわね。

民主主義は、最悪の場合、すなわち、選挙民に人を見る目がない場合、本当に必要な人を選べないので、自分にかかってくる不幸を振《ふ》り払《はら》うことができないんです。

それは、非常に残念なことでしたね。沖縄《おきなわ》県民にも同じようなことが起きるかもしれませんが、「見る目がないね」ということを言わざるをえませんね。ですから、仙台市民には、「危機に関して、見る目がなかった」という責任があるでしょうね。

阪神《はんしん》・淡路《あわじ》大震災のとき、当時の兵庫県《ひょうごけん》知事が、当初、自衛隊の救援《きゅうえん》を拒否《きょひ》したため、救援活動が遅《おく》れたのですが、そのような知事を選んだ兵庫県民にも、当然、自業自得の面はあったと思いますよ。その人は、震災以前にも、自衛隊の防災訓練も断っていましたよね。

自衛隊が救援に入るためには、県知事の要請《ようせい》が必要なんですよ。兵庫県民には、「自衛隊が入るのを拒否するような革新知事を選んだ」ということに対する責任はあったと思いますね。

不幸な結果をもたらしたマスコミは責任を取るべき

そろそろ、何かが間違《まちが》っていることに気がつくべきではないでしょうか。

そして、その間違いの根源は、実は、「マスコミの情報にすべての判断を委《ゆだ》ねている」というところにあるのです。

実は、日本の国は、マスコミによって、まあ、はっきり言えば、新聞社とテレビ局、大手出版社の週刊誌等を牛耳《ぎゅうじ》っている、おそらくは百人ぐらいの人たちの手によって、国民の幸・不幸が支配されているのです。そのことを、国民はそろそろ知らなければいけません。

国民は、自分たちの幸・不幸を握《にぎ》っている人たち、要するに、国を壟断《ろうだん》している人たちの顔も名前も知らないんですよ。だから、「これが本当の民主主義かどうか」を、もっと知らなければいけませんね。国民のほうは、彼らを選ぶことができません。しかも、そうした人たちは、責任を取らされないところにいてやっておりますから、責任を絶対に取らないのです。

今、民主党政権からひどい結果が出ていますが、マスコミはまた、その悪口《わるぐち》を言って飯の種になさるのでしょうけれども、選挙のとき、民主党を応援した人は、いったい、誰《だれ》なのか。マスコミの経営陣《けいえいじん》のなかで、「民主党を応援しよう」と決めた人は誰なのか。やはり、本人が出てきて、きちんと説明すべきですよ。それをせず、記事だけで批判するのは問題があります。また、テレビ局にも、同じような問題があると思いますね。

マスコミというのは、「無冠《むかん》の帝王《ていおう》」と言われていますが、無名の権力があまりに大きくなりすぎているので、もはや無冠の帝王では許されなくなっています。責任者は、やはり、人前に出て、その言論を試《ため》されなければいけません。そういう時が、そろそろ来ているのではないでしょうか。

週刊誌にしても、テレビ報道にしても、新聞報道にしても、無名の記事を書くのは結構だけれども、やはり、「原因・結果の法則」で、国民に対して、悪い結果、不幸な結果をもたらしたならば、その責任者は出てきて、国民の前できちんと糾《きゅう》弾《だん》を受けるべきです。「自分たちは一切《いっさい》糾弾を受けないで、ほかの企業《きぎょう》だけを責め続ける」というようなことは、やはり問題だろうと思うのです。

今回の場合、東京電力は、おそらく、非難に次ぐ非難で、今後、本当に危機的状況《じょうきょう》になると思います。しかし、そのもとにある政治のほうの責任も、やはり問わなければいけないでしょう。

例えば、日本銀行は、こうした震災があって、やっと大量の紙幣《しへい》を市中に出すそうですが、後手後手の日銀総裁を選んだのは、民主党のはずです。もともと、別の人が日銀総裁に予定されていましたが、横槍《よこやり》を入れて、今の人に入れ替《か》えさせたのは、野党時代の民主党だったはずですからね。

こういうことに対しては、やはり「原因・結果の法則」で、「原因をつくったのは、いったい、どこなのか」ということを、きちんと検証し、責任を取らせないといけません。そうしなければ、権力に対する責任が取れないのではないでしょうか。私はそう思いますけどね。

あなたがたは、いいこともずいぶん言っていたと思いますが、マスコミには、それを、きちんと報道しなかった社会的責任があると思います。それについて、けじめをつけてもらわないといけないでしょうね。

国民を不幸にする者に追い風を吹《ふ》かせ、国民を不幸から救い、幸福にしようとしている者を当選させないようにしたわけですからね。無言の圧力として、壁《かべ》として、そういう阻止《そし》をした者は、やはり責任を取るべきだと私は思います。

あれほど大川総裁が、「鳩山《はとやま》さんでは駄目《だめ》だ」と言っていたのですから、それを、きちんと正確に取り上げていれば、国民は事前に分かったのです。しかし、政権交代をして、半年かそこらたって、ようやく分かったわけですから、事前には、結論が見えなかったんでしょうね。

“戦災復興内閣”まで戻《もど》ろうとしている菅《かん》内閣

菅《かん》さんにも、同じ問題があるでしょうから、まだまだ災難は続きますよ。

災難が続く理由は、国の政治を司《つかさど》っている為政者《いせいしゃ》たちが、国を愛していないからです。そして、「国を愛していない」ということは、結局、最終的には、「国民を愛していない」ということですよ。

要するに、戦時内閣、あるいは戦災復興内閣的なところまでタイムスリップして、時代が戻《もど》ろうとしているのです。菅さんには、発展のビジョンが全然見えていないんですよ。戦後のバラック時代の内閣のイメージしか持っていないのです。この内閣の考え方は、意外に古いのです。

だから、もう少し、未来志向にならないといけないですね。やはり国民には、夢を語れなければいけないし、希望を語れなければいけません。

まあ、畏《おそ》れ多くも畏《かしこ》くも、あえて申し上げれば、天皇陛下のお言葉であっても、もっと、国民を勇気づけられるお言葉をお述べになることはできたのではないかと私は思いますね。エンペラーたる者、やはり、徳をもって国民を励《はげ》まさなければならないのではないでしょうか。

勇気を持って警告を発する人がもっと出るべき

松島　竹内先生は、寺田寅彦《てらだとらひこ》先生の「天災は忘れた頃《ころ》にやって来る」という言葉を使いながら、地震への備えを訴えられ、そして、映画にも出ておられました。

竹内均　警告したくて、出たんですよ。

松島　ええ。愛する日本のために、勇気を持って警告されたのだと思いますが、私たちも、勇気を持って、日本のあるべき姿を国民に力強く訴えていきたいと思います。

竹内均　私のような国立大学の教授が、「日本列島が沈《しず》む」などという、国民がパニックを起こしそうな映画に実名で出て、そのシステムを説明したわけですが、もちろん、「名前を売りたくて出たんだろう」という揶揄《やゆ》は、学内からも、そうとう出ましたですけれどもね。

しかし、東大教授で、勇気を持って警告を発するような人は、今は、ほとんどいないでしょう？　名前を売りたくてしかたがないような大学の先生が出てくることはあるかもしれませんが、ほとんどの場合、評論家が出てくる程度であり、国立系の人は、まあ、出てこないですよね。それは、わが身の安泰《あんたい》をまず願っているからです。

私は、別に、東大をクビになっても食べていく目処《めど》があったからね。予備校の校長でも、著作家でも、食べていける自信があったから、できた面もあるのです。

本当のことを知っていても、ただただ職にしがみついているだけで、使命を果たしていない人は多いですね。やはり、もう少し勇気を持って、意見を言わないといけないと思いますよ。

今から思えば、「日本沈没」の映画ですか。「日本列島のほとんどが沈み、島のように少ししか海上に出ていないような状況で、首相が、首相官邸《かんてい》からヘリコプターで脱出《だっしゅつ》する」というような、そんな恐《おそ》ろしい映画によく出たものだなあと、自分でも思いますけどね。ええ。

9　過去世《かこぜ》はヨーロッパの有名な科学者

松島　最後に、幅広《はばひろ》くご活躍《かつやく》されました、竹内先生の過去世《かこぜ》を教えていただければと思います。

竹内均　私の過去世？　あなたがたは、そんなのが好きなんだ。はあーん。私の過去世か。うーん。うんうん。日本人ではないね。日本人ではなくて、欧米人《おうべいじん》のほうで出ていますね。まあ、科学者の一人です。直近は、欧米の科学者の一人として出ています。

あなたがたは、「魂《たましい》の兄弟」と言うのかな？　魂の兄弟と言うのかもしれませんが、私の「兄弟」には、コペルニクス（地動説を唱えたポーランド出身の天文《てんもん》学者。

一四七三〜一五四三）という人がいますね。うん。それが最近では有名な人ですね。ほかにも、昔、出たことはあるけれども、昔のことはどうせ知らないでしょう？だから、まあ、いいです。昔も科学者で出たことはあります。

松島　本日は、まことにありがとうございました。

竹内均　はいはい。

大川隆法　（竹内均の霊《れい》に）ありがとうございました。

第4章

貧乏神《びんぼうがみ》と戦う法

2011年3月24日
東京都・幸福の科学総合本部

1　国を冷え込《こ》ませる「貧乏神《びんぼうがみ》政権」

「国のトップの心象《しんしょう》風景」が現実化してきている

東日本大震災《だいしんさい》の報道が、テレビや新聞、週刊誌、その他のニュースなどで、いろいろと続いています。

そういう映像や写真、記事等を見ていると、心が暗くなる一方で、だんだん気が滅入《めい》っていく感じがしますし、ときどき震度5程度の余震があるので、それが来るたびに、「まだまだ地震が来るのかな。終わらないのかな」と思い、国民心理はそうとう冷え込《こ》んでいるのではないかと思います。

今の民主党政権に対しては、もともと、「貧乏神《びんぼうがみ》政権」であろうとは思っていましたが、国のトップの心のなかにある心象《しんしょう》風景というか、原風景のようなものが、ものの見事に実社会に現れてきているように見えます。

菅《かん》首相の心のなかには、戦争末期あるいは戦後の「焼け野原」のような風景があるのではないでしょうか。そういう世界が現実化してきているように見えてしかたがないのです。

本当は、そういう社会が好きなのではないかと思われます。「そのような社会で、いろいろと人々に世話を焼くことが、政治家の仕事である」というように考えていて、そこに彼の市民運動家としての原点があるのではないかと思います。

アメリカのオバマ大統領にも似たようなところはあるようです。彼は貧乏な人たちが住んでいる所で弁護士をしていて、社会運動家的なところからスタートしています。

日米両国とも、そういうタイプの人がトップになっているわけです。

日本は必ず「復興への道」に入る

私たちが戦わなければいけない相手は幾《いく》つかあると思うのですが、今は、特に、貧乏神や厄病神《やくびょうがみ》のたぐいがたくさんいるように感じるので、本章では、この「貧乏神と戦う法」というテーマで、現時点における私の考えを述べてみたいと思います。

とにかく、国全体が冷え込んでいきそうな感じが非常に強いため、もし、政府が方針を誤り、あるいは、国民に発信する見解や方向性の指示等を間違《まちが》えたならば、日本は本当に長いトンネルのなかに入っていく可能性があります。

暗い現実ばかりを見つめていると、本当にそのようになっていくので、気をつけなければいけません。

しかしながら、たとえこうした震災があったとしても、必ず、復興していきます。毎日毎日、少しずつ少しずつ、復興していくものなのです。

現在、リビアでは多国籍軍《たこくせきぐん》による空爆《くうばく》が行われていますが、空爆を受けたリビアの街を映した国際ニュースの映像と、国内ニュースの震災の映像とが交互《こうご》に出てくると、一瞬《いっしゅん》、どちらの映像なのかが分からない感じがします。そのくらい戦争と震災はよく似ています。

ただ、この状況《じょうきょう》から立ち直らなければいけません。「忍耐《にんたい》強く、辛抱《しんぼう》強く、黙々《もくもく》と働き、我慢《がまん》する」という日本人の美徳はよく分かるのですが、それだけでは、やはり足りないと思うのです。

日本には、今、強力に光を供給するところがないようなので、当会が、できるだけ頑張《がんば》らなければいけないと思っています。

確かに、よいことをあまり言えないのには、理由はあるだろうと思います。「『未来は明るい』と言っていて、もし、ドーンと地震が来たらどうするか。また津波《つなみ》が来たらどうするか。何かが爆発したらどうするか」などと思うからです。

よいことを言ったあとで不幸が起きた場合、責任を取らされるようなことになっては困るので、そういうことは言わず、何事も目立たないように控《ひか》えめにしていくことが美徳であり、保身の技術でもあると考えがちです。

現状でよいか、あるいは、さらに悪くなってもよいなら、それでも構いませんが、やはり、「マイナスから回復させ、元気にしていく」という方向を強く打ち出さなければいけないと思うのです。

マグニチュード9・0の地震は大きかったかもしれませんが、こんなものに負けてはいけません。そういう大きなものは何回も連続して来るものではありません。もう少し小さいものはまだ来るかもしれませんが、大きいものが何回も来るはずはないので、「今後は復興への道に入らざるをえないのだ」と、強く思わなければいけないのです。

2　再び繁栄《はんえい》の花を咲《さ》かせるための考え方

経済的繁栄《はんえい》の本道《ほんどう》は、「熟練したスキル」があること

それでは、「貧乏神《びんぼうがみ》」に対して、どのように戦っていけばよいのでしょうか。それを考えていきたいと思います。

今まで、「現状でよし」としていたものが、かなり破壊《はかい》されてきたわけなので、さらに、それに危機分析《ぶんせき》をかけ、新しいもので対応していく必要があります。つまり、いろいろな経験を智慧《ちえ》に変え、より優《すぐ》れたものをつくっていかなければならないのです。

「創造的破壊」という言葉があるように、破壊がなければ、さらにもう一段進んだ創造ができないこともあります。今回、日本のかなり広い地域が破壊されました

が、新しい産業構造や未来型の事業形態に向けて、いろいろと考えを巡《めぐ》らせるべきときでもあるので、「危機であると同時に、いろいろなものをやり直していくチャンスでもある」と考えてよいのです。

「貧乏神と戦う法」というのは一般的《いっぱんてき》な言い方ですが、はっきり言えば、「経済的に復興し、各人が豊かになり、お金持ちになれる法」ということです。

「どのようにして、資本主義の精神、資本主義の女神《めがみ》を呼び戻《もど》し、再び繁栄《はんえい》の花を咲《さ》かせるか。木花開耶姫《このはなさくやびめ》に花を咲かさせるか」ということなのです。

基本的に、「より大きな収入をあげ、利益をあげる道」としては、熟練した優れたスキルがあることです。これが常に本道《ほんどう》ではあります。

ある有名な画家の話に、次のようなものがあります。

他の人から、「私の似顔絵を描《か》いてほしい」と頼《たの》まれたある画家が、サラサラッと短時間でその人の似顔絵を描き、代金を要求したところ、依頼《いらい》した人は、ものすごく高い代金を要求されたことに憤然《ふんぜん》とし、「あなたは、ほんの短い時間で書いたのに、そんなに高い代金を要求するとは何事か」と言って怒《おこ》ったそうです。

しかし、その画家は、「私は、これだけ短時間できちんとした絵を描けるようになるまでに、三十年間、修練をしたのです。その三十年間の修練の分が値段のなかに入っているのです」と、平然と答えたのです。そういう話が遺《のこ》っています。

私の説法の陰《かげ》には四十五年以上の勉強の蓄積《ちくせき》がある

私の場合も同じです。私は、どんな説法でも「原稿《げんこう》なし」で話します。日本語であろうと英語であろうと、そうです。さらに、質疑応答で目茶苦茶な質問をされても、きちんと答えています。そのため、「大川隆法は口から先に生まれたのだろう」と思う人もいるかもしれませんが、実は、そうではないのです。

私は、十歳《さい》のころにはシュバイツァーやガンジーの伝記などを読んでいたので、少なくとも四十五年間ぐらいは、修練、勉強をしてきた蓄積《ちくせき》があるのです。

もっと言えば、さらに長い期間になるかもしれません。先日、某《ぼう》月刊誌に、当会の信者でマンガ家のさとうふみや氏のインタビューが載《の》っていました。そのなかで、「ところで、大川総裁はマンガを読まれるのでしょうか」というような質問をされ、「大川総裁は、『小学校時代にマンガの蔵書が五百冊はあった』と言っておられたので、読まれるのではありませんか」などと答えていたと思います。

私は、それを見て、「よく覚えているな」と、少し感心しました。確かに、マンガはよく読んでいたかもしれません。そこまで計算に入れると、四十五年を超《こ》えて、さらにもう少し長くなります。

田舎《いなか》の小学校低学年の子供にとっては、活字はそれほど読めないので、漢字に振《ふ》り仮名を打ってくれているマンガやグラビアページなどが、貴重な情報源であったことは事実です。そういうところから始まっているのです。

『シュバイツァー伝』などを読んだのは十歳ごろだと思いますが、もっと小さいころには、マンガのグラビアページで、例えば、「戦艦大和《せんかんやまと》の総排水量《そうはいすいりょう》は七万何千トンで、主砲《しゅほう》は四十六センチ砲が何門ある」などというように、第二次大戦のときの日本の戦艦とか、空母とか、潜水艦《せんすいかん》とか、ゼロ戦の性能とか、敵の戦力分析とか、そういうことを勉強していました。

国際政治学においては、そういう軍事研究が必要なのですが、私は小学校一年生のころに、すでに、そういう軍事研究をしていたのです。

私は記憶力《きおくりょく》がよく、そのころに読んだものを緻密《ちみつ》に覚えています。そのように、何十年も勉強を続けないと、それほど簡単に、自由自在に法を説いたりはできないわけです。

要するに、「私の説法には、それだけの〝原価〟がかかっている」ということです。先ほどの画家の話ではありませんが、今のレベルまで来るのは、それほど簡単なことではなかったのです。「世界最高峰《さいこうほう》の知識人にまで駆《か》け上《のぼ》る覚悟で精進してきた」という、陰《かげ》の努力はきちんとあるわけです。

智慧《ちえ》や技術の集積が高い付加価値を生む

そのように、「陰でスキルを磨《みが》いている」ということが、非常に大きな付加価値を生んでいるのです。目に見えないところで積み重ねてきた技術ないし知識があると、いろいろな仕事をしても、普通《ふつう》の人より大きな付加価値を生むことができます。同じ業界であっても、やはり、研究熱心な人の付加価値は大きいのです。

当会は、二〇〇九年に「仏陀再誕《ぶっださいたん》」という映画を上映しましたが、今年の五月には、手塚治虫《てづかおさむ》原作のアニメーション映画「ブッダ」が上映されるようです。

マンガ家特有のイマジネーションで描《か》いているので、内容的にほとんど駄目《だめ》なことは、すでに分かっています。原作のマンガは私も読みましたが、全然、「仏陀伝」には即《そく》しておらず、勉強が足りていません。専門領域として見たときには、内容がでたらめであり、「仏教者にとって、記憶してはいけないストーリー」であることは十分に分かっています。

ただ、生前の手塚治虫は、あの年代において、一年間に三百六十五本の映画を見ていたそうなので、「やはり、すごいな」と感じます。ディズニーの有名なアニメ映画「バンビ」についてはハ十回も見たと聞いています。やはり、隠《かく》れた努力はあったわけです。

そういう努力があって初めて、実りが生まれてくるところがあるのです。

そのように、「智慧《ちえ》の集積、技術の集積によって、高い付加価値を生んでいく」というのが基本であり、日本もそうでなければならないと思います。

しかし、今回の震災《しんさい》から立ち直っていこうとする部分に取り憑《つ》いて、日本の国民を貧しくしようとし、あるいは、その心を貧しくしようとする「貧乏神」が、今、多発し、徘徊《はいかい》しようとし始めています。したがって、これと戦っていくためには、もう少し違《ちが》う角度からの考え方を持たなければならないかもしれません。

「今、お金を使う」ことが復興を推《お》し進める

現在、「計画停電」が行われたり、節電が行われたりしていて、少しさみしいものがあります。時間がたてば、しだいに、いろいろなものが回復してくるとは思いますが、今は、銀座でも、午後六時になると店が閉まり電気が消えていきますし、渋谷《しぶや》でも、同じように、いろいろな店の電気が消えていく状況《じょうきょう》にあり、寂《さび》れていくようなさみしさを感じます。

特に、外資系の人たちは、日本沈没《ちんぼつ》寸前のような雰囲気《ふんいき》で、みな、日本脱出《だっしゅつ》をしています。おそらく、本国のほうで、よほど騒《さわ》いでいるのでしょう。

しかし、「外資系については、日本に戻ってこなかった分だけ、日本人は忘れない」ということを計算できていないのだろうと思います。その〝対抗策《たいこうさく》〟としては、脱出せずに健気《けなげ》に頑張《がんば》った外資系について、よく記憶しておくことです。

それから、国の復興のためには、しばらくの間、国産品を買い支えなければいけ

ないでしょう。つまり、日本製のものをしっかり買い支えて、消費をしなければいけないと思います。

やはり、お金にも使い道というものがあるのです。

こういうときには、「周りから嫉妬《しっと》されたり、揶揄《やゆ》されたり、顰蹙《ひんしゅく》を買ったりしないようにしよう」と考えて、地味にしていく傾向《けいこう》がありますが、一日も早く復興を推《お》し進めたいならば、やはり、貯金など、お金を持っている人が率先《そっせん》してお金を使ってあげることです。こういうときにお金を使わずして、使うときはありません。

街に商品が溢《あふ》れ、みな、お金が余っているようなときに、お金を使っても、あまり効き目はありませんが、こういうときにこそ、必要なものをどんどん買っていくべきなのです。

特に、国産品、日本製品を買うことです。外国に輸出しようとしても「放射能が付いているのではないか」と思われて、なかなか受け付けてもらえない状況に入っていくと思われるので、国産品について、必要なものはしっかり買ってあげることが大事です。

こういうときに何もかも控《ひか》えていくことは、必ずしも、よいことではないと思います。「無駄金を使え」とまでは言いませんが、町の復興、商店の復興のためにも、買ってよいものであるならば、積極的に買ってあげることが大事です。それが復興の役に立つのです。

「まだまだ災難が来るかもしれない」と考え、財布の紐《ひも》を締《し》めて、ただただじっとしていたのでは、なかなか復興は進まないと思います。

以前からときどき述べていることですが、要するに、「お金の流通速度」によって、経済の発展速度というか、活性度が変わってくるのです。それが「経済の原理」です。例えば、ある店で何かが買われ、お金が入ってくるとします。そうすると、その店の人が、今度は別の店でまた何かを買うことができるようになります。経済は、そういうかたちで、しだいに繁栄していくものなのです。

反対に、みなが買い控えをしていくと、経済全体が萎縮《いしゅく》し、どんどん小さくなっていきます。特に、今の政権の場合、縮んでいく可能性は非常に高いと考えられます。

「考え方」を間違《まちが》うと、震災《しんさい》復興は非常に遅《おく》れる

震災《しんさい》の被害額《ひがいがく》の見積もりとしては、現在、二十五兆円だとか四十兆円だとか、いろいろな数字が出されていますこれは、単なる試算にしかすぎないので、実際にどうであるかは分かりません。言うのは簡単なので、いくらでも出してきます。

もし、原発のほうで、花粉症《しょう》の花粉並みに放射能を撒《ま》き散らしたら、さらに被害額は増えるかもしれません。

ただ、本当に何十兆円ものマイナスがあるならば、それに打ち勝つだけの経済復興を成し遂《と》げなければならないでしょう。ここは頑張りどころであり、もし「考え方」を間違《まちが》えると、長い長い不況のトンネルのなかに入っていくことは間違いありません。

民主党政権になってから、政府がやっていることは、ほとんど江戸《えど》の三大改革風のことばかりです。質素倹約《けんやく》から始まって、無駄なものを切っていき、内部から〝へそくり〟（いわゆる埋蔵金《まいぞうきん》）を出してきて、「それで何とかいける」というような考え方でやっています。

そういう考え方でいくと、震災からの復興は非常に遅《おく》れるだろうと推定されるので、「考え方を変えなければ駄目だ」ということを述べておきたいのです。

一般的に、ケインズ経済学は、長く続く経済繁栄の世界のなかでは、もはや死にかけている経済学ではあるのですが、戦争のときや、こうした震災のときには、非常に有効な経済学であり、今でも死んでいるわけではないのです。

一民間企業《きぎょう》、あるいは一個人では、使えるお金に限りがありますが、政府であれば大きな投資ができるので、こういうときには、「大胆《だいたん》な発想」で、「大規模な投資」を行っていくことが大事だと思います。

3　未来を見据《みす》え、思い切った復興計画を

今こそ、思い切って町を再建するチャンス

まずは被災地《ひさいち》の人たちの問題が先決かと思いますが、今、特に問題になっているのは福島原発事故による放射能汚染《おせん》です。

放射能汚染が心配されている地域は、東北の農村等が多いために、「農産物が放射能汚染しているのではないか」ということで、国内では消費を手控《てびか》えるようになり、海外でも輸入を見合わせる動きが起きてくるでしょう。おそらく、肉や乳製品などの畜産《ちくさん》関係のものについても、同じような動きが出てくると思います。

さらに、魚などの漁業資源についても、「放射能汚染しているのではないか」ということで、日本国民は、魚を食べるのが怖《こわ》くなってくるだろうと思います。魚は

海のなかを自由に泳いでいるため、土佐沖《とさおき》で獲《と》れようと、沖縄《おきなわ》近海で獲れようと、それが福島沖で放射線を浴びた魚かどうかは識別不能なのです。魚が食べられなくなるのは、魚をよく食べる国民としては非常に恐《おそ》ろしいことです。

また、日本の魚を使った加工品等の輸出も駄目《だめ》になっていくでしょうし、蒲鉾《かまぼこ》や竹輪《ちくわ》などの水産加工産業も被害を受けて駄目になっていくでしょう。

このように、農業資源、漁業資源に関する不信感は非常に高まってくると思われます。

しかし、こういうときだからこそ、ある意味では、思い切って大胆《だいたん》に町を再建できると思います。大津波《おおつなみ》が家屋を洗い流して更地《さらち》になっている今こそ、チャンスではあるのです。

たとえ水に濡《ぬ》れたとしても、太陽の光が射せば、乾《かわ》いていくのは間違《まちが》いありません。やがて乾いた土地になるので、それほど心配する必要はないのです。

郵便はがき

料金受取人払郵便

赤坂局
承認

6467

差出有効期間
平成28年5月
5日まで
(切手不要)

1 0 7 - 8 7 9 0

112

東京都港区赤坂2丁目10—14
幸福の科学出版(株)
愛読者アンケート係 行

ご購読ありがとうございました。
お手数ですが、今回ご購読いただいた書籍名をご記入ください。

書籍名

フリガナ お名前	男・女	歳

ご住所 〒　　　都道府県

お電話 (　　　　)　　　—

e-mail アドレス

ご職業
①会社員 ②会社役員 ③経営者 ④公務員 ⑤教員・研究者
⑥自営業 ⑦主婦 ⑧学生 ⑨パート・アルバイト ⑩他(　　　　)

ご記入いただきました個人情報については、同意なく他の目的で使用することはございません。ご協力ありがとうございました。

愛読者プレゼント☆アンケート

ご購読ありがとうございました。今後の参考とさせていただきますので、下記の質問にお答えください。抽選で幸福の科学出版の書籍・雑誌をプレゼント致します。(発表は発送をもってかえさせていただきます)

1 本書をお読みになったご感想

(なお、ご感想を匿名にて広告等に掲載させていただくことがございます)

2 本書をお求めの理由は何ですか。

①書名にひかれて　②表紙デザインが気に入った　③内容に興味を持った

3 本書をどのようにお知りになりましたか。

①新聞広告を見て [新聞名：　]
②書店で見て　③人に勧められて　④月刊「ザ・リバティ」
⑤月刊「アー・ユー・ハッピー?」　⑥幸福の科学の小冊子
⑦ラジオ番組「天使のモーニングコール」　⑧幸福の科学出版のホームページ
⑨その他 (　)

4 本書をどちらで購入されましたか。

①書店　②インターネット (サイト名　)
③その他 (　)

5 今後、弊社発行のメールマガジンをお送りしてもよろしいですか。

はい (e-mailアドレス　) ・ いいえ

6 今後、読者モニターとして、お電話等でご意見をお伺いしてもよろしいですか。(謝礼として、図書カード等をお送り致します)

はい ・ いいえ

弊社より新刊情報、DMを送らせていただきます。新刊情報、DMを希望されない方は右記にチェックをお願いします。　□DMを希望しない

震災《しんさい》対策を兼《か》ねた「野菜工場」の建設を

今、当会で、よく紹介《しょうかい》しているものの一つに、「野菜工場」があります。最近は、鉄筋コンクリートの建物のなかで、野菜がつくれるようになってきているのです。この際、津波にも地震にも強い鉄筋コンクリートのなかで、野菜をつくるようにしたら、いかがでしょうか。

建物のなかで野菜をつくる場合には、放射能汚染等に対する安全性についても信《しん》頼度《らいど》が高まることでしょう。農地で露地栽培《ろじさいばい》をする場合、土地が汚染されたりすると、一定の期間、不安視され続けることになります。

したがって、将来のことを見越《みこ》して、非常に集約的で生産性の高い「野菜工場」等を、被災地の辺りにしっかり建設したらよいのではないでしょうか。

建物自体も、震災等に対して堅固《けんご》なものにすれば、いざというときには、避難《ひなん》所《じょ》にもなりますし、今回の福島原発事故ぐらいであれば、「このなかで育った野菜は、放射線を浴びておらず、大丈夫《だいじょうぶ》です」と言えるようになります。つまり、今後、地震や津波等が起きても、安全に野菜をつくり続けることができるのです。

これは、「一種の工場ができる」ということなので、新しく雇用《こよう》を生むこともできます。これまでとは違ったかたちでの農業を展開することができるわけです。もちろん、そうした工場では、野菜だけではなく、コメもつくれるようになるだろうと思います。

まずは放射線のところをそうとう言われるはずですが、「放射線を防護しながら、室内のクリーンな環境《かんきょう》で植物をつくる技術」を開発すればよいでしょう。それは十分に可能だと思います。

農業は、今まで、会社等が参入しにくく、個人で営んでいることが多かったと思います。しかし、今回の震災を契機《けいき》として、みなで助け合い、株式会社的な形態でもよいし、半官半民《はんかんはんみん》の形態でもよいので、大胆な設備投資をし、そういう野菜工場をつくるとよいのではないでしょうか。「農家から勤め人に変わろうか」という感じで、やってもよいと思います。

また、「現在、世界中で、少なくとも十億人が食糧《しょくりょう》不足で苦しんでいる」と言われていますが、この食糧不足は、将来的には、さらに加速していくはずです。したがって、農産物を集約的に大量につくれるようにしておけば、今度は、海外に輸出できる可能性も出てくるでしょう。

さらに、バイオの研究により、無農薬で野菜や果物がつくれるようになってきています。つまり、農薬の代わりに、ある種の昆虫《こんちゅう》を使って、作物を育てる研究がかなり進んでいるのです。これも、野菜工場のなかであれば、実にやりやすいと思うので、そうした栽培もできるかもしれません。

「山村で海水魚の養殖《ようしょく》をする」時代がやってくる

さらに、漁業についても同じことが言えます。「海で泳いでいる魚は、どこで放射線を浴びているか分からない」と言われるのならば、当会がよく紹介しているように、「山村《さんそん》で海水魚の養殖《ようしょく》をする」という方法もあります。

「好適環境水《こうてきかんきょうすい》という、真水にマグネシウムなどの必要な成分を少量混ぜた特殊《とくしゅ》な水のなかで、海水魚《かいすいぎょ》を養殖する」ということが、岡山《おかやま》県のほうで実際に始まっているのです。

今回、農業をやっていた所では、野菜や穀物が被害を受けたでしょうが、漁村もそうとう被害を受けています。

したがって、海水魚を養殖する大規模な「魚工場」を、東北地方で大胆につくってもよいのではないでしょうか。ある意味で、そういうチャンスです。そして、これも、将来的には輸出できるところまで行く可能性があります。

今回のような原発事故が起きた場合、水だけは、放射能汚染されていないか、十分にチェックする必要はありますが、「放射線を浴びてない魚だ」ということがはっきりと分かれば、十分、食用に適しますし、輸出さえできるようになるでしょう。

こうした、「野菜や穀物の室内での製造技術」および「陸地での海水魚の養殖技術」は、震災だけではなく、戦争等のときにも非常に役立つだろうと思います。

工場は、平地に建ててもよいのですが、場合によっては、山岳《さんがく》地帯に建てることもありえます。山の一部を上手に加工し、津波等の災害を避けるかたち、あるいは、戦争等の破壊行為《はかいこうい》から守られるようなかたちにしてもよいでしょう。いずれにしても、経営のスタイルとしては可能ですし、大規模な開発ができるであろうと思います。

復興は、政治主導ではなく「官僚《かんりょう》主導」で

今回の震災《しんさい》では、多くの家が津波によって流されているので、復興需要《じゅよう》として、やはり、建物の需要が出てくるでしょう。私としては、万一《まんいつ》のときに災難を避けられるような、できるだけ、しっかりしたものを建てるように勧《すす》めたいと考えます。

震災後、ドケチの日本銀行が、まるで気が狂《くる》ったかのように百兆円の資金供給を発表しましたが、本当にお金が回るかどうかは定かではありませんし、借りるほう

は担保もない状態なので、「自宅を建てる」と言っても、そんな簡単に立派なものが建てられるとは思いません。

したがって、このようなときは、左翼《さよく》政権であることの〝強み〟を十分に生かし、計画的な住宅復興計画をつくるとよいでしょう。そのような計画は、官僚《かんりょう》との親和性が非常に高いので、「震災に強い町づくり」の青写真をつくり、それを実行していったらよいと思うのです。

官僚は、こういうことに非常に強い人たちです。先日、私は、東京正心館《しょうしんかん》での説法で、「官僚は、マイナスを普通《ふつう》の状態に戻《もど》すことについては非常に優《すぐ》れた能力を持っている。人々を幸福にし、発展・繁栄《はんえい》させる能力はほとんどないが、不幸な人々を普通の状態に戻す能力は持っている」ということを指摘《してき》しました（二〇一一年三月二十日、法話「不滅《ふめつ》の信仰《しんこう》」）。

官僚は、事業に成功してお金を儲《もう》けたことがなく、発展・繁栄している姿を経験したことがないため、そこから先になると、どうしたらよいのかが分かりません。

しかし、「普通よりはるかに落ちるマイナスの生活水準を、普通に戻す」ということに関しては、高い能力を持っていて、非常に信頼感があるのです。

今朝（三月二十四日）、テレビのニュース番組を見ていたら、ある出演者が、私と同じようなことを話していました。その人は、「復興は官僚主導でやったほうがいい。官僚は、いろいろなことに精通していて、『どこの町に何があり、何が足りないか』ということを、非常によく知っている。だから、官僚に任せたほうが復興は早い」というように言っていたのです。

私の説法を聴《き》いたのか聴いていないのかは知りませんが、政治主導ではなく官僚主導のほうを一生懸命《いっしょうけんめい》に推奨《すいしょう》していました。「情報を持っているのは官僚である。政治家は情報を持っていないので、官僚に復興計画をやらせればよい」ということを主張していたのです。

私も、「復興は官僚主導でやったほうが早い」と思います。官僚は、きちんとした計画を立ててやりますし、仕事の連続性があります。一方、政治家のほうは、連続性がなく、よく変わります。青写真をつくったあと、それをつくり上げていくのは、官僚のほうが早いのです。

例えば、阪神《はんしん》・淡路大震災《あわじだいしんさい》のとき、最初、救援《きゅうえん》活動の動きは、ものすごく遅《おそ》かったのですが、一カ月を過ぎると、復興活動には目覚ましいものがあり、私は少し見直したのです。

地震が起きたとき、「頭脳が動いているのは、ほとんど幸福の科学だけか」と思ったぐらいのあまりの遅さでショックを受けましたし、その後《ご》、しばらくの間も、幸福の科学と自衛隊だけが救援活動に動いているような状態でした。

しかし、一カ月が過ぎたら、さすがは役所です。役人は、計画が大好きな人たちなので、巨大《きょだい》な組織、巨大な人の山である役所全体が動いて復興計画を進め始めると、町全体が復興していくのは非常に早かったのです。このへんの力は、そうとうなものだと思います。今、被災地はひどい状態でしょうが、官僚主導であれば、しばらくすると、復興はカチッとしたかたちで始まってくると思います。

「千年に一回の災害」にも耐《た》えられる町づくりを

当会としては、復興に関して、精神的な後押《あとお》しをしなければならないでしょう。「こういうときに、ケチケチしてはいけません。今度こそ、『千年に一回の災害』があっても耐《た》えられるような町づくりをやりましょう」と言って、復興を後押しする必要があります。

私は何度も指摘していますが、借金をして町づくりにお金を使ったとしても、それが単なる借金として残るわけではありません。つくった建物等は財産として残ります。民間の財産になる場合もあるかもしれませんが、基本的には、国の財産として残り、国の資産はきちんと増えていくのです。したがって、あまり問題はありません。

例えば、銀行から借金をして三千万円のマンションを買った場合、三千万円の借金ができますが、同時に、「三千万円のマンション」という資産もできています。

それと同じことです。

国債《こくさい》を発行するなどして財政出動をしたとしても、道路がきちんと整備され、マンションやアパートが建ち、そして、野菜工場や魚工場、防災用の施設《しせつ》などができてきたら、それなりに資産が増えるのです。

また、日本は空の方面が弱いので、東北の復興に際しては、空からの救援がもっと簡単にできるように、ヘリコプターが屋上に降りられるようなビルを数多く建てるべきでしょう。少なくとも、その程度のことは、やらなければいけないと思います。空中から、もっと、いろいろな援助ができる、あるいは、消火活動ができるような体制をつくらなければいけないでしょう。

そういう意味で、今、被災地は、瓦礫《がれき》の山になっていますが、復興しようとすれば、デザインは描《えが》き放題であると思います。

スギの伐採《ばっさい》で、住宅問題や失業問題、花粉症《しょう》を一気に解決へ

建物については、すべてを鉄筋コンクリートで建てることはできないと思います。津波で潰《つぶ》れて瓦礫になっているのは、ほとんどが木造のものですが、復興に際しては、やはり、木造のものも数多く建てることになるでしょう。ただ、これも、ある意味では、チャンスかと思います。

日本人は、スギ花粉のために非常に苦しんでいるので、あちこちにあるスギの木を一斉《いっせい》に伐採《ばっさい》すべきです。一気に切り倒《たお》しに入ったらよいのです。普段はそれだけのニーズはないでしょうが、今ならニーズがあります。

スギ花粉症《しょう》は国民病であり、一千万以上の人が、これに苦しんでいます。戦後、「子孫《こまご》の代に建物を建てるために使う」という目的で植林政策を進め、スギをたくさん植えたのですが、花粉が大量に飛ぶことで、今、子孫は〝迷惑《めいわく》〟しているわけです。

したがって、これはチャンスです。この機会に、スギをどんどん切り、木材に変えていったほうがよいでしょうし、製材所もたくさんつくったほうがよいでしょう。

これは失業対策にもなります。

今後は、木造の仮設住宅も建てるでしょうし、自宅を木造で建て直す人もいるでしょう。一方では、多くの人が花粉症で悩《なや》んでいます。これらを一気に解決するために、花粉症の主な原因であるスギから、優先的に切り倒してしまうことです。

「木を一斉に切ったら、山が大変なことになる」と言う人もいるかもしれませんが、今は、品種改良が進み、花粉の飛散量が少ないスギや、ほとんど飛散しないスギ（無花粉スギ）が開発されているので、それを植林すればよいと思います。

このように、「スギの木を切り、製材する仕事」もあれば、「花粉の飛散が少ない新しい種類の木を植える、植林の仕事」もあるので、雇用を非常に拡大していくことができます。

今、失業者が町に溢《あふ》れたら大変なことになります。農村、漁村出身の人であれば、こうした仕事もしてくれるでしょうから、とりあえず仕事をつくってあげることが大切なのです。

今こそ、花粉を出す木を切りに入るべきです。そうすれば、来年から花粉症が激減します。製薬会社と病院の売り上げが少し減る可能性はありますが、一方では、社会保障費として出ている国の予算を少し減らすことができます。

また、ビジネスにおいて、花粉症によるマイナスの経済効果は、毎年、数兆円に達すると言われています。つまり、鼻水が出たり、目から涙《なみだ》が出たりして、商談もできず、建物にこもっていなければいけなかった人も、花粉が減れば、外を歩き、出張ができ、人と交渉《こうしょう》もできるようになります。より仕事ができるようになるので、GDP（国内総生産）の押し上げ効果は必ずあるのです。

こうした施策《しさく》を、今、迷わずに、どんどん進めなければいけません。

「復興需要《じゅよう》」によって雇用《こよう》の創出を

それから、護岸工事を、もう一回、しっかりと行わなくてはいけないでしょう。

ゼネコン各社は、十数年前、株価が非常に下がり、潰れかかったのですが、幸いなことに、何とか大手は潰れずに済みました。

当会は、一九九〇年代後半に、栃木《とちぎ》県の宇都宮市や日光市に総本山の各精舎《しょうじゃ》を、東京には教祖殿《きょうそでん》・大悟館《たいごかん》などを建立《こんりゅう》しましたが、それらの建設を頼んだ会社も、当時は株価が十数円になっており、株券が紙切れになる寸前で、危機的状況《じょうきょう》でした。

株価がゼロになれば、資産価値はなくなり、その会社は終わりになります。そこで、当会は、その潰れる寸前のような状態だったゼネコンと、ほかのゼネコン等を、ジョイントベンチャーで組み合わせて使い、精舎を数多く建てたのです。

その会社は、技術力があるにもかかわらず、バブル崩壊《ほうかい》以後の不況で潰れかかっていたのですが、そのようなときに当会がかなり精舎を建てさせたので、危機を脱《だっ》することができました。そのため、当会は、いまだに信頼感を持たれています。

ゼネコンには人員の吸収力が非常にあります。通常でも、百万人程度の従業員を養うぐらいの力を持っていますが、この「復興需要《じゅよう》」で社員をかなり増やせます。

今は、大卒者の就職率が七十数パーセントしかない、厳しい時期です。就職できなかった大卒者が、フリーターになって、うろうろしても、国の生産性は低いので、ゼネコンにも、しっかりと多くの人を採用してもらわなければいけません。

この採用に関しては、国費や地方公共団体のお金を投入しても構わないと思うので、ゼネコンは、日本復興のために、多くの人を採用し、人員を拡張するとよいでしょう。

復興の過程では、農業や漁業、林業、さらに、そうした建設業で、かなりの人員が必要になります。また、道路の復興や整備にも人員が要《い》ります。

東京電力は、現在、一見、潰れかけであることは間違いないのですが、電力の供給は、誰《だれ》かが必ず行わなくてはいけない仕事なので、単に責任を追及《ついきゅう》して東京電力を潰してもしかたがありません。

やはり、「倍程度の電力供給ができるぐらいまで頑張《がんば》れ」と言って、その程度の発電力をつくらせるべきでしょう。もう一段、〝焼け太って〟もらわなくては困るので、電力会社にも強くなってもらう必要があります。

そうすれば、ここでも雇用《こよう》を生むことができるでしょう。

4 電力不足に、どう対処するか

「代替《だいたい》エネルギーの活用」と、「発電力そのものを高める努力」を

今、政府や電力会社は、あまりにもケチケチしており、「ナイターは行わないでほしい」「日が暮れても、電気を消していてほしい」などと言っていますし、「計画停電は、まだまだ、二、三年は続くかもしれない」とも言っています。まるで戦争中のような雰囲気《ふんいき》であり、これでは国民の気が萎《な》えてきます。そのようなことは言わず、発電力を大きくするよう、いち早く頑張《がんば》っていただきたいものです。

もちろん、太陽光をはじめとして、いろいろな代替エネルギーが、あることはあるので、努力できることは努力すべきだと思います。

例えば、新たに家を建てる際には、屋根なり屋上なりにソーラーパネルを取り付け、すべて太陽電池で発電ができるようにし、太陽光をエネルギーに変えてもよいでしょう。そうなると、特定の会社が儲《もう》かることになるかもしれませんが、それでも構わないと思います。

このように代替エネルギーの活用も考えるべきではありますが、やはり、発電力そのものを高めることが必要です。

野球をしていても、「停電になるといけないので、恐《おそ》る恐る試合をしている」というような状態では困るので、発電力を高める努力をしたほうがよいのです。

八ッ場《やんば》ダムの建設中止は「先見《せんけん》の明《めい》」の正反対の事例

政権交代後、民主党政権が最初に行ったことは、前述のとおり、七割がた完成していた八ッ場《やんば》ダムの建設を中止したことですが、今、その〝祟《たた》り〟を強く感じます。その判断は「先見《せんけん》の明《めい》」のまったく正反対です。「後知恵《あとぢえ》」とでも言うのでしょうか。

　ともかく、今こそ、水力発電が必要とされている時期なのです。あのとき、八ッ場ダムの建設を中止しなければよかったのです。すでに完成間際であり、地元の住民は別の地域に移転していましたし、現地を視察した他県の知事たちは、全員、「これは工事を続けるべきだ」と言ったのです。

　あのようなものは一気につくってしまわないといけません。工事を中断し、放置しているうちに、メンテナンスができなくなって老朽化《ろうきゅうか》し、つくった部分がすべて駄目《だめ》になってしまうのです。七割がた完成していて、もう少しだったのに、残念なことです。

　中国やインドにある大きな河は、川幅《かわはば》が広く、ゆっくりと流れているため、水力発電に使おうとしても、力が足りません。しかし、日本の川は、非常に急峻《きゅうしゅん》な山を流れ落ちてくるので、傾斜《けいしゃ》が急で流れが速く、その発電力は非常に高いのです。

　この自然のエネルギーを使わない手はありません。ダム建設については、「生態系に影響《えいきょう》が出る。エコ（環境《かんきょう》保全）に反する」という考えもあるでしょうが、そうは言っても、「自然のエネルギーを使って発電ができる」ということは、エコそのものです。私は、そう思います。川の水が流れているかぎり、発電は可能なのです。今、重油や天然ガス等を使って発電するためには、それらの輸入も必要ですし、火災の心配もあります。また、CO_2が排出《はいしゅつ》され、文句を言われたりもするので、ダムを建設し、水力発電を行うことは、国家の安全にとっても大事な判断だったと思うのです。

その意味で、「八ッ場ダムの建設中止」は象徴的《しょうちょうてき》な事件でした。建設できる水力発電所は、やはり建設しておくべきだったのです。今、世界各国が、原発の安全性を心配し、「原子力発電を行うべきか、やめるべきか」という問題でグラグラ揺《ゆ》れているので、水力発電は、むしろ推進すべきものだったと思います。「この反省点を十分に知るべきだ」と考えます。

今回の事故で原子力発電をあきらめてはならない

原子力発電は、今のところ、事故の後始末等で大変だろうとは思いますが、「まだ原子力発電をあきらめてはならない」と私は思います。もう一段、安全性を考えた上で、やはり原発の継続《けいぞく》に努力すべきです。

東芝《とうしば》の元社員で、福島第一原発の設計に携《たずさ》わった人が、「このような大きな震災《しんさい》は想定していなかった」ということを、正直に言っています。地震も津波《つなみ》も、もっと規模の小さなものしか考えておらず、かなり甘《あま》く見ていたところがあったのです。もともと、もっと大きな地震や津波を想定していれば、それなりの装備はできたはずです。したがって、「原発そのものが悪い」というより、「震災の規模を甘く見て、安上がりにつくったところに問題がある」と思うので、つくり直すならば、もう一段の強さを持ったものをつくってほしいものです。

また、万一《まんいつ》、日本が軍事的な攻撃《こうげき》を受ける場合には、原発施設《しせつ》は最初に狙《ねら》われる所でもあるので、どうせつくるのであれば、今回のような天変地異への対策と同時に、巡航《じゅんこう》ミサイルなどが飛んできても、問題が生じないようにしておくべきです。やはり、そこまで考えておかなくてはいけません。この機会に、原発の防衛も同時に行っておいたほうがよいと思います。

ミサイルを撃《う》ち込《こ》んで、日本をパニックに陥《おとしい》れようと思えば、原発施設および天然ガスや石油のタンクなどを狙わないわけがありません。誰《だれ》であろうと、絶対に狙います。今回、被害《ひがい》が起きた所は、全部、戦争が起きた場合に狙われる場所なのです。そこまで考えなくてはなりません。

したがって、地震や津波において、もっと大きな規模のものに耐《た》えられるようにすることを考えると同時に、「ミサイル等の攻撃を受けたときに、どうするか」ということころまで考えて、一気に対策を施《ほどこ》しておいたほうがよいと思うのです。

5 「復旧」だけではなく、「防衛」にも目を向けよ

今回の震災《しんさい》は、次に、意外と防衛問題にまでつながる可能性があります。

例えば、現在、自衛隊員が救援《きゅうえん》や復旧の作業等で十万人以上も使われています。このように自衛隊が一生懸命《いっしょうけんめい》に瓦礫《がれき》を片付けたりしているときに、外国の軍隊等に日本のどこかの島に上陸されたら、たまったものではありません。お手上げ状態になります。ほんの数百人ほどで簡単に島を占領《せんりょう》されてしまう可能性があるので、今は非常に危機的な状況《じょうきょう》です。防衛的に見たら、本当に危ないのです。

一方、米軍はどうかというと、半分ぐらいは腰《こし》が引けていて、福島原発にもしものことがあれば、いつでも逃《に》げられる態勢を組んでいます。

また、現在、外国人の日本脱出《だっしゅつ》が相次いでいて、日本の安全性に対する信頼《しんらい》は極《きわ》

めて低下しています。

「他国が攻《せ》めてくる」という国難を、かつて日蓮《にちれん》は「他国侵逼難《たこくしんぴつなん》」と言いましたが、今、その「他国侵逼難」が起きたならば、日本は、どうするのでしょうか。海上保安庁だけで戦うのでしょうか。

しかし、海上保安庁は自衛隊ではありません。海上保安庁は国土交通省の管轄《かんかつ》下にあり、海上保安庁の巡視船《じゅんしせん》等は、基本的に、正当防衛の場合以外には相手を攻撃《こうげき》することができないのです。

以前、ある不審船《ふしんせん》を巡視船が攻撃した際、巡視船側は、「正当防衛射撃を行う」ということを一生懸命にマイクで言い、録音しておいたようです。

そうしておかないと、自分たちが刑務所《けいむしょ》に入れられてしまうおそれがあります。彼らは、「下手に相手を撃ったら、日本の刑法で自分たちが裁かれてしまう」という、非常に危険な立場にあるのです。

軍隊の場合には、戦うことが仕事なので、相手への攻撃は別に犯罪ではありません。しかし、海上保安庁は軍隊ではないため、攻撃が犯罪になってしまうことがあります。人を殺せば殺人罪になり、怪我《けが》をさせれば傷害罪になり、相手の船の船体を傷つけたら、器物損壊罪《そんかいざい》や建造物損壊罪になります。そのため、「正当防衛である」という証拠《しょうこ》をつくっておかないかぎり、法律上、安全ではないのです。

そういう意味では、巡視船の防衛力は、とても弱いと言えます。

また、巡視船は、多少の武装をしているだけなので、「漁船だ」と思っていた相手が、実は漁船に偽装《ぎそう》した軍艦《ぐんかん》だったときには、逆襲《ぎゃくしゅう》をかけられると、本当に一発でやられてしまう可能性が非常に高いのです。一発、魚雷《ぎょらい》を撃《う》ち込《こ》まれたら、それで撃沈《げきちん》されることもありえます。

このように、今は防衛体制の面でも非常に危険な時期です。

国の指導者は、ここまで考えておかなくてはいけません。「震災で全世界が同情してくれている」と思うかもしれませんが、こういうときに、「今なら、どこかの島を取れるな」と考える人が、いないとは限りません。

誰《だれ》もが同じ考え方をするわけではなく、人が困っているときに、「今がチャンスだ」と思う人も、やはり、世の中にはいます。泥棒《どろぼう》や強盗《ごうとう》は、みな、そうです。警報ベルが壊《こわ》れているときや停電しているとき、ガードマンが病気をしているときなどは、泥棒等が入りやすいときなので、当然、対策を考えておかなくてはいけません。今の日本は危険な状態にあるのです。

6　復興のために、国力を増す努力を

オランダは何百年もかけて堤防《ていぼう》を築いてきた

いろいろなことを考えると、日本は、復興のために、もう一段、国力を増す努力をしなくてはなりません。

竹内均《たけうちひとし》東大名誉《めいよ》教授の霊《れい》が言っていたように（本書第3章参照）、「プレートテク

トニクス理論」から見れば、いずれ日本列島は沈《しず》むのかもしれません。

ただ、彼はオランダを例に出していました。

オランダは国土のかなりの部分が海面下に位置していますが、オランダ人たちは、海抜《かいばつ》がマイナス数メートルやマイナス十メートルほどの所で、畑を耕し、町をつくっていきます。彼らは、どんどん堤防《ていぼう》を積み増していきました。堤防をつくり、その高さを上げていったのです。

以前、誰《だれ》かが、「日本列島を、全部、堤防で囲っていったら、何百年もかかるかもしれません」と言っていましたが、本当に何百年もかけて堤防を築いてきたのがオランダなのです。彼らは実際にそれを行いました。

オランダでは何百年にもわたって地盤沈下《じばんちんか》が起きています。しだいに国が海面下に沈んでいくのですが、「ただ逃《に》げればよい」ということでは、家も土地もなくなるだけです。しかし、彼らは、堤防を積み増していく努力を続けてきました。それは自然と人間の努力との戦いだったと思います。

例えば、海面下十メートルの位置まで町が沈んでも、堤防をつくって十分に囲んでおけば、町は生き残れるのです。

「将来、海没《かいぼつ》したら、山に町を建設する」と言う人もいるかもしれませんが、それは後手後手の発想です。地盤沈下などで海没するおそれのある所では、しっかりと事前に対策を施《ほどこ》しておくことが大事なのです。

今まで以上の繁栄《はんえい》を、数年後に取り戻《もど》そう

幸福実現党は「リニア新幹線で全国を結ぶ」などと言っていたのですが、今回の震災《しんさい》を契機《けいき》として、投資すべき対象が、ほかにも数多く出てきました。国や地方は、それらに、しっかりと投資すればよいのです。

それを行うと、経営学者のドラッカーの霊も言っていたように、現在の二倍のＧＤＰを持つような国家に、日本を見事に切り替《か》えていくことができると思います（『もしドラッカーが日本の総理ならどうするか？』参照）。

改めて述べると、私の案は次のようなものです。

まず、食糧《しょくりょう》防衛のところを、新産業、未来産業として考え直す必要があります。また、道路工事や土木工事などを行い、建設業等で雇用《こよう》を生みつつ、新しく、がっしりとしたものをつくっていくことも必要です。

さらには、防潮堤などを整備し、海面下に沈む所をも守れるようにしておかなくてはなりません。

それから、ヘリコプター等を、もっともっと使用できるようにすることも考えるべきでしょう。

原発施設《しせつ》、石油タンクや天然ガスタンク等には、今後、ミサイルなどが撃《う》ち込《こ》まれることも、ないとは言えないので、それを想定し、「どのようなかたちで守るか」ということを考えなくてはなりません。「この機会に、防衛のことまで考えて、きちんと対策を講じる必要がある」と言っておきたいのです。

それと、現在、米軍は、「トモダチ作戦」を実施し、日本と縒《よ》りを戻そうと頑張《がんば》っています。沖縄《おきなわ》県民の恨《うら》みはよく分かりますが、米軍の救援《きゅうえん》活動等に対しては、正当に評価してあげたほうがよいでしょう。したがって、その活動が適切に報道されているかどうか、よく見なければいけないと思います（自衛隊も同様）。

いずれにしても、考え方一つで、未来は、どのようにでもなるものです。

これは天災と人智《じんち》との戦いだと思います。「自然災害と人間の智慧《ちえ》とが戦ってきた歴史」が文明の歴史であったのです。

したがって、われわれは、決して後退することなく、この震災を乗り越《こ》えていく道を、新たに拓《ひら》いていかなくてはなりません。

決して、昔返りをすること、戦前や戦中に返っていくこと、配給システムで「最小不幸社会」をつくることが目標ではありません。

やはり、「今まで以上の繁栄《はんえい》を、数年後に取り戻《もど》す」ということを目標にして、頑張るべきなのです。それを述べておきたいと思います。

あとがき

日米外交危機のあと、日中のGDP逆転、さらに、東日本の大地震、大津波、原発被害と、厄病神《やくびょうがみ》がこの国にとり憑《つ》いている実態が、次々と明るみに出ている。

本質的には唯物論《ゆいぶつろん》の左翼政権《さよくせいけん》がこの国を支配し、無神論、唯物論を助長する商業ジャーナリズムがこの国の世論を操作《そうさ》し続ける限り、貧乏神退治《びんぼうがみたいじ》も相当骨が折れる仕事だろう。

だが、目覚めへの道は、すぐそこまで来ていると信じて、今日も一日を努力していこう。努力の上に繁栄が築かれるのだと信じていこう。

二〇一一年　三月二十九日

幸福《こうふく》の科学《かがく》グループ創始者兼総裁《そうししゃけんそうさい》　大川隆法《おおかわりゅうほう》

『震災復興への道』大川隆法著作参考文献

『未来への国家戦略』（幸福の科学出版刊）
『日本外交の鉄則』（幸福実現党刊）
『もしドラッカーが日本の総理ならどうするか？』（ＨＳ政経塾刊）
『最大幸福社会の実現』――天照大神の緊急神示――（幸福の科学出版刊）

震災復興《しんさいふっこう》への道《みち》　——日本復活の未来ビジョン——

2011年４月17日　初版第１刷

著　者　　大《おお》　川《かわ》　隆《りゅう》　法《ほう》

発　行　　幸福実現党

〒104-0061　東京都中央区銀座２丁目２番19号

TEL(03)3535-3777

発　売　　幸福の科学出版株式会社

〒142-0041　東京都品川区戸越１丁目６番７号

TEL(03)6384-3777

http://www.irhpress.co.jp/

印刷・製本　株式会社 東京研文社

落丁・乱丁本はおとりかえいたします

ISBN978-4-86395-114-3 C0030

Illustration: 服部新一郎

幸福実現党

この国を守り抜け

中国の民主化と日本の使命

大川隆法　著

平和を守りたいなら、正義を貫き、国防を固めよ。沖縄米軍基地問題、尖閣問題、地方主権。混迷する国家の舵取りを正し、国難を打破する対処法は、ここにある。

1,600円

日本外交の鉄則

サムライ国家の気概を示せ

大川隆法　著

日清戦争時の外相・陸奥宗光と日露戦争時の小村寿太郎が、緊急霊言。中国に舐められる民主党政権の弱腰外交を一喝し、国家を護る気概と外交戦略を伝授する。

1,200円

秋山真之の日本防衛論

同時収録　乃木希典・北一輝の霊言

大川隆法　著

日本海海戦を勝利に導いた天才戦略家・秋山真之が、国家防衛戦略を語る。さらに、日露戦争の将軍・乃木希典と、革命思想家・北一輝の霊言を同時収録！

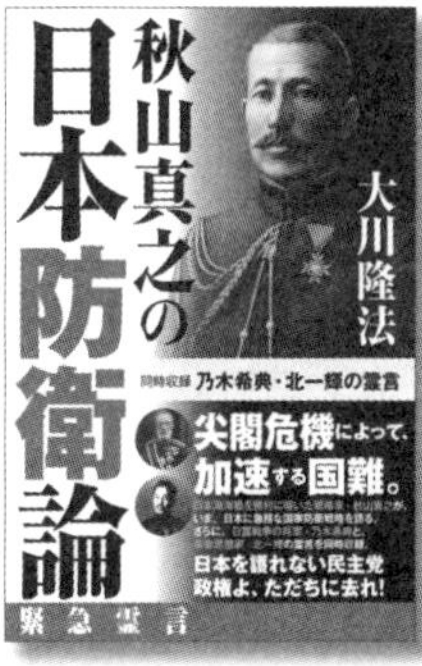

1,400円

発行　幸福実現党
発売　幸福の科学出版株式会社

※表示価格は本体価格（税別）です。